离心训练精要

修订版

[英] 伦恩·克拉维茨（Len Kravitz）
亚伦·T.布比科（Aaron T. Bubbico） 著

王雄 黎涌明 译

人民邮电出版社

北京

图书在版编目（CIP）数据

离心训练精要 / （英）伦恩·克拉维茨
(Len Kravitz)，（英）亚伦·T.布比科
(Aaron T. Bubbico) 著；王雄，黎涌明译. -- 2版（修
订本）. -- 北京：人民邮电出版社，2022.10
ISBN 978-7-115-57877-8

Ⅰ. ①离… Ⅱ. ①伦… ②亚… ③王… ④黎… Ⅲ.
①肌肉-力量训练 Ⅳ. ①G808.14

中国版本图书馆CIP数据核字(2022)第048106号

版权声明

免责声明

　　本书内容旨在为大众提供有用的信息。所有材料（包括文本、图形和图像）仅供参考，不能替代医疗诊断、建议、治疗或来自专业人士的意见。所有读者在需要医疗或其他专业协助时，均应向专业的医疗保健机构或医生进行咨询。作者和出版商都已尽可能确保本书技术上的准确性以及合理性，并特别声明，不会承担由于使用本出版物中的材料而遭受的任何损伤所直接或间接产生的与个人或团体相关的一切责任、损失或风险。

内 容 提 要

　　本书是一本用离心的抗阻训练方式进行训练实践指导的专著，这种训练方式可以产生非同寻常的效果。凭借基于实证的研究以及易于结合到训练课程的方式，离心训练所提供的较强的运动强度有利于个人突破运动瓶颈，提升肌肉力量、耐力和爆发力。通过离心训练，体能专业人士和健身教练可以帮助客户改善新陈代谢、管理体重，以及促进损伤的康复。

　　本书阐述了肌肉收缩的生理机制，介绍了离心训练的练习方法以及案例模板，并借此将离心训练引入到客户的训练中。本书以全彩高清照片展示了 70 种动作练习的运动方法和详细技术指导，以便最大程度降低受伤风险；24 种训练计划模板以及 2 个为期 8 周的系统训练方案，以便体能专业人士为客户设计课程；7 个大众运动项目训练方案，以便使用者更有针对性地训练。

◆　著　　　　　［英］伦恩·克拉维茨（Len Kravitz）
　　　　　　　　［英］亚伦·T. 布比科（Aaron T. Bubbico）
　　译　　　　　王　雄　黎涌明
　　责任编辑　　刘日红
　　责任印制　　马振武
◆　人民邮电出版社出版发行　　北京市丰台区成寿寺路 11 号
　　邮编　100164　　电子邮件　315@ptpress.com.cn
　　网址　https://www.ptpress.com.cn
　　临西县阅读时光印刷有限公司印刷
◆　开本：700×1000　1/16
　　印张：17.25　　　　　　　2022 年 10 月第 2 版
　　字数：420 千字　　　　　2022 年 10 月河北第 1 次印刷
　　著作权合同登记号　图字：01-2016-4064 号

定价：128.00 元
读者服务热线：(010)81055296　印装质量热线：(010)81055316
反盗版热线：(010)81055315
广告经营许可证：京东市监广登字 20170147 号

译者序

运动生理学让大家了解到，肌肉收缩有三种形式：向心、等长和离心。当张力小于外加阻力时，肌肉长度被拉长的收缩机制就是离心收缩。尽管向心收缩是我们日常活动和运动训练中更常见的肌肉收缩方式，但等长收缩和离心收缩也同样不可或缺。随着运动科学研究的发展和深入，它们也发挥出越来越重要的作用。

大概几年前，我在朋友圈里看到同行写的一句话："怕受伤，就要练离心。"近年来，国内对离心训练的重视主要体现在运动损伤的预防和康复练习中，体能教练和物理治疗师开始让运动员及运动损伤患者采用离心训练的方式进行动作练习。

离心训练的概念范畴，不同于其他针对身体各部位的或基于不同器材设备的身体练习，也不同于耐力训练、爆发力训练、增肌训练等不同类型的力量训练板块，其动作模式和轨迹与其他训练看起来是完全一样的，本质区别在于收缩机制。另外，本书所说的离心训练，主要是指离心的力量训练机制。当然，在速度、灵敏反应等训练板块中，比如减速制动或变向过程中，也存在肌肉的离心收缩机制。

本书作者基于大量科学实证研究，来帮助客户或运动员突破发展的瓶颈期，提升肌肉力量、耐力和爆发力，同时通过对离心训练的专业使用，将其系统地融入有氧代谢训练、体重控制方案和康复治疗方案。

本书结构大致如下：第1章概述了肌肉收缩的生理机制；第2章除了讲述传统负重练习的向心–离心训练法（CON–ECC），还讲解了离心训练的另外三种经典练习方法，即慢速离心训练法（EE）、超负荷离心训练法（SUP）和双起/单下离心训练法（2UP/1DN），这也是本书最重要一章；第3章讲述了离心训练的代谢特征，以及如何通过离心训练最大化人体的代谢效应；第4章系统地探讨了减少肌肉酸痛的重复运动效应（RBE），这是近年来关于离心训练学术研究中的热点话题，教授如何做好离心预备训练，以减少肌肉反应和增强适应能力；第5章到第10章，分别讲述了针对力量、耐力、爆发力、减重、增肌和康复的离心训练方法，详细讲述了具体的训练方案设计、训练方法应用和训练注意事项，以及具体的训练动作等。

总之，本书讲述了大量关于离心训练机制的生理学原理，详细介绍了各种离心训练方式，并提供了包括70种动作练习的详细技术指导，24种训练计划模板，2个为期8周的系统训练方案，此外还有针对7个常见的大众运动项目（橄榄球、篮球、足球、排球、高尔夫球、棒球和冰球）的训练方案，帮助读者从理论入手，从实践上手，将离心训练直接融入训练计划。

　　本书是我和我的师弟——上海体育学院的黎涌明博士一起翻译完成的。感谢张可盈和赵鹏旺对本书的协助校对，感谢人民邮电出版社的大力支持，感谢本书的推荐人：陈小平教授、闫琪博士、曹晓东博士。最终，感谢本书原版作者伦恩·克拉维茨（Len Kravitz）和亚伦·T.布比科（Aaron T. Bubbico）倾力奉献的精彩内容和他们的辛勤工作。

　　如闫琪博士所说，没有任何一种训练方法是完美的，但缺乏任何一种训练都不完整。我们总是期待给运动员或客户带来好的训练效果，人体的复杂性也始终给训练科学带来无穷的挑战，只能在持续地学习和再认识中进步。期待本书可以在国内进一步推广和传播离心训练的训练理念和实践方法，带给你更好的训练成效！

目录

译者序   iii

训练索引   vii

前言   xv

关于离心训练的研究史   xv

关于本书   xv

第1章   肌肉收缩的生理机制   1

肌肉组织   2

肌肉整体结构   2

肌纤维结构和组织   3

肌纤维蛋白组织   3

肌动 – 肌球蛋白排列   4

肌肉收缩的肌丝滑行理论   6

肌肉动作终止   7

肌纤维类型   7

特定人群的肌纤维类型分布   8

小结   8

第2章   了解离心训练方法   9

慢速离心训练法   10

超负荷离心训练法   11

双起/单下离心训练法   13

小结   15

第3章   离心训练的代谢特征   17

静息代谢率   18

食物热效应   19

活动能量消耗   20

能量正平衡   20

离心训练中的肌肉代谢   21

通过离心训练最大化新陈代谢   22

小结   22

第4章   减少肌肉酸痛的重复运动效应   23

离心训练的重复运动效应   25

重复运动效应的实施   25

重复运动效应的注意事项   26

理解肌肉恢复   27

小结   28

第5章   发展力量的离心训练   29

训练方案设计   30

训练方法应用   31

训练注意事项   31

小结   32

力量训练动作   33

上半身和下半身的力量训练课安排   58

第6章   发展耐力的离心训练   65

训练方案设计   66

训练方法应用   67

训练注意事项   67

目录

小结　　　　　　　　　　　　　　68
耐力训练动作　　　　　　　　　　69
上半身和下半身的耐力训练课安排　94

**第7章　发展爆发力的离心
　　　　训练　　　　　101**

训练方案设计　　　　　　　　　103
训练方法应用　　　　　　　　　103
小结　　　　　　　　　　　　　103
爆发力训练动作　　　　　　　　105
上半身和下半身的爆发力训练课安排　130

第8章　关于减重的离心训练　137

训练方案设计　　　　　　　　　139
训练方法应用　　　　　　　　　139
小结　　　　　　　　　　　　　140
减重训练动作　　　　　　　　　141
上半身和下半身的减重训练课安排　165

第9章　关于增肌的离心训练　171

训练方案设计　　　　　　　　　173
训练方法应用　　　　　　　　　173
小结　　　　　　　　　　　　　174
增肌训练动作　　　　　　　　　175
上半身和下半身的增肌训练课安排　200

第10章　离心训练和康复　207

肌腱　　　　　　　　　　　　　208
韧带　　　　　　　　　　　　　208

筋膜　　　　　　　　　　　　　208
在康复治疗中使用离心训练的可行性　208
训练方案设计　　　　　　　　　209
训练方法应用　　　　　　　　　209
小结　　　　　　　　　　　　　210
康复训练动作　　　　　　　　　211
上半身和下半身的康复训练课安排　232

**附录A　为期8周的增肌
　　　　训练计划　　　239**

**附录B　为期8周的针对耐力和身体
　　　　成分改善的训练计划　243**

**附录C　针对7个大众运动项目的
　　　　训练计划　　　247**

橄榄球　　　　　　　　　　　　248
篮球　　　　　　　　　　　　　249
足球　　　　　　　　　　　　　250
排球　　　　　　　　　　　　　251
高尔夫球　　　　　　　　　　　252
棒球　　　　　　　　　　　　　253
冰球　　　　　　　　　　　　　254

参考资料　　　　　　　255

关于作者　　　　　　　259

关于译者　　　　　　　260

训练索引

动作名称	离心训练方法	器械	体重	负重	药球或弹力绳	页码
胸部：胸大肌、胸小肌						
卧推	CON-ECC（向心-离心训练法）、EE（慢速离心训练法）、SUP（超负荷离心训练法）			x		34
绳索交叉飞鸟	2UP/1DN（双起/单下离心训练法）、CON-ECC、EE	x				142
哑铃飞鸟	2UP/1DN、CON-ECC、EE、SUP			x		70
上斜卧推	CON-ECC、EE、SUP			x		106
器械胸部推举	2UP/1DN、CON-ECC、EE、SUP	x				176
双臂上杆（杠铃或吊环）	CON-ECC、EE、SUP		x			114
增强式俯卧撑	CON-ECC、EE、SUP		x			112
二人推拉	CON-ECC、EE		x			164
仰卧伸臂	CON-ECC、EE、SUP			x		218
背部：背阔肌、菱形肌、斜方肌						
俯身杠铃划船	CON-ECC、EE、SUP			x		38
翻举上拉	CON-ECC、EE、SUP			x		120
哑铃推送	2UP/1DN、CON-ECC、EE、SUP			x		182
大猩猩式引体向上	CON-ECC、EE		x			110
双臂上杆（杠铃或吊环）	CON-ECC、EE、SUP		x			114
单臂哑铃划船	CON-ECC、EE、SUP			x		180

（＞接下页）

（＞接上页）

动作名称	离心训练方法	器械	体重	负重	药球或弹力绳	页码
背部：背阔肌、菱形肌、斜方肌						
高翻	CON-ECC、EE			x		122
抓举	CON-ECC、EE			x		124
器械辅助引体向上	2UP/1DN、CON-ECC、EE	x				148
宽握引体向上（徒手或负重）	2UP/1DN、CON-ECC、EE、SUP		x	x		76
二人推拉	CON-ECC、EE		x			164
坐姿绳索划船	CON-ECC、EE、SUP	x				74
仰卧伸臂	CON-ECC、EE、SUP			x		218
标准硬拉	CON-ECC、EE、SUP			x		48
定腿硬拉	CON-ECC、EE			x		84
宽握背阔肌下拉	CON-ECC、EE、SUP	x				40
下背部及腹部：竖脊肌、腹横肌						
杠铃早安式练习	CON-ECC、EE			x		190
标准硬拉	CON-ECC、EE、SUP			x		48
定腿硬拉	CON-ECC、EE			x		84
肩膀：三角肌（中束、后束、前束）、斜方肌						
阿诺德推举	2UP/1DN、CON-ECC、EE、SUP			x		144
翻举上拉	CON-ECC、EE、SUP			x		120
哑铃耸肩	CON-ECC、EE、SUP			x		146
倒立俯卧撑	CON-ECC、EE、SUP		x			116
单臂前平举	CON-ECC、EE、SUP				x	220

（＞接下页）

（＞接上页）

动作名称	离心训练方法	器械	体重	负重	药球或弹力绳	页码
过头上举	CON-ECC、EE			x		36
高翻	CON-ECC、EE			x		122
抓举	CON-ECC、EE			x		124
挺举	CON-ECC、EE			x		108
坐姿肩部推举	2UP/1DN、CON-ECC、EE、SUP	x				178
坐姿肩上推举	2UP/1DN、CON-ECC、EE、SUP			x		72
仰卧伸臂	CON-ECC、EE、SUP			x		218
侧卧肩部哑铃外旋	CON-ECC、EE、SUP			x		212
肱三头肌（长头、外侧头、内侧头）						
俯身哑铃肱三头肌后伸	2UP/1DN、CON-ECC、EE、SUP			x		152
仰卧肱三头肌伸展	CON-ECC、EE			x		44
器械肱三头肌伸展	2UP/1DN、CON-ECC、EE、SUP	x				186
双臂上杆（杠铃或吊环）	CON-ECC、EE、SUP		x			114
仰卧伸臂	CON-ECC、EE、SUP			x		218
肱三头肌绳索下压	CON-ECC、EE、SUP	x				80
上臂：肱二头肌（长头、短头）、肱肌、肱桡肌						
哑铃交替弯举	2UP/1DN、CON-ECC、EE、SUP			x		78
杠铃屈臂	CON-ECC、EE、SUP			x		42
大猩猩式引体向上	CON-ECC、EE		x			110

（＞接下页）

（＞接上页）

动作名称	离心训练方法	器械	体重	负重	药球或弹力绳	页码
上臂：肱二头肌（长头、短头）、肱肌、肱桡肌						
斜托弯举	2UP/1DN、CON-ECC、EE、SUP	x				184
双臂上杆（杠铃或吊环）	CON-ECC、EE、SUP		x			114
器械辅助引体向上	2UP/1DN、CON-ECC、EE	x				148
宽握引体向上（徒手或负重）	2UP/1DN、CON-ECC、EE、SUP		x	x		76
屈肩屈肘肩内收	CON-ECC、EE			x		214
佐特曼哑铃弯举	2UP/1DN、CON-ECC、EE			x		150
前臂：肱桡肌、尺侧腕伸肌和桡侧腕伸肌、尺侧腕屈肌和桡侧腕屈肌						
哑铃交替弯举	2UP/1DN、CON-ECC、EE、SUP			x		78
翻举上拉	CON-ECC、EE、SUP			x		120
前臂伸展	CON-ECC、EE、SUP			x		216
高翻	CON-ECC、EE			x		122
抓举	CON-ECC、EE			x		124
佐特曼哑铃弯举	2UP/1DN、CON-ECC、EE			x		150
股四头肌：股直肌、股外侧肌、股内侧肌、股中肌						
杠铃后蹲	CON-ECC、EE、SUP			x		46
杠铃前蹲	CON-ECC、EE、SUP			x		118
跳箱练习	CON-ECC、EE		x			126
跳远	CON-ECC、EE		x			128

（＞接下页）

（ >接上页 ）

动作名称	离心训练方法	器械	体重	负重	药球或弹力绳	页码
保加利亚弓步蹲	CON-ECC、EE、SUP			x		192
翻举上拉	CON-ECC、EE、SUP			x		120
瑞士球深蹲	CON-ECC、EE、SUP				x	154
腿部伸展	2UP/1DN、CON-ECC、EE、SUP	x				52
靠背蹬腿	2UP/1DN、CON-ECC、EE、SUP	x				50
单腿伸展	CON-ECC、EE、SUP	x				194
单腿推	CON-ECC、EE、SUP	x				86
高翻	CON-ECC、EE			x		122
抓举	CON-ECC、EE			x		124
史密斯机深蹲	CON-ECC、EE、SUP	x				188
标准硬拉	CON-ECC、EE、SUP			x		48
台阶上踏	CON-ECC、EE、SUP			x		158
哑铃或壶铃相扑式深蹲	CON-ECC、EE、SUP			x		82
行进弓步	CON-ECC、EE、		x			88
股四头肌和髌腱：股直肌、股外侧肌、股内侧肌、股中肌						
斜板下蹲	CON-ECC、EE		x			226
腘绳肌：股二头肌、半腱肌、半膜肌						
杠铃早安式练习	CON-ECC、EE			x		190
瑞士球腘绳肌弯曲	2UP/1DN、CON-ECC、EE				x	90

（ >接下页 ）

（＞接上页）

动作名称	离心训练方法	器械	体重	负重	药球或弹力绳	页码
腘绳肌：股二头肌、半腱肌、半膜肌						
俯卧腘绳肌弯曲	2UP/1DN、CON-ECC、EE	x				54
俯卧单腿腘绳肌弯举	CON-ECC、EE、SUP	x				196
北欧式屈膝	EE、SUP		x			224
坐姿腘绳肌弯曲	CON-ECC、EE、SUP	x				162
坐姿屈膝	2UP/1DN、CON-ECC、EE、SUP	x				228
标准硬拉	CON-ECC、EE、SUP			x		48
定腿硬拉	CON-ECC、EE			x		84
哑铃或壶铃相扑式深蹲	CON-ECC、EE、SUP			x		82
臀肌：臀小肌、臀中肌、臀大肌						
杠铃后蹲	CON-ECC、EE、SUP			x		46
杠铃前蹲	CON-ECC、EE、SUP			x		118
杠铃早安式练习	CON-ECC、EE			x		190
跳箱练习	CON-ECC、EE		x			126
跳远	CON-ECC、EE		x			128
保加利亚弓步蹲	CON-ECC、EE、SUP			x		192
翻举上拉	CON-ECC、EE、SUP			x		120
瑞士球深蹲	CON-ECC、EE、SUP				x	154
臀桥	CON-ECC、EE、SUP		x			160
瑞士球腘绳肌弯曲	2UP/1DN、CON-ECC、EE				x	90

（＞接下页）

（＞接上页）

动作名称	离心训练方法	器械	体重	负重	药球或弹力绳	页码
靠背蹬腿	2UP/1DN、CON-ECC、EE、SUP	x				50
北欧式屈膝	EE、SUP		x			224
单腿推	CON-ECC、EE、SUP	x				86
高翻	CON-ECC、EE			x		122
抓举	CON-ECC、EE			x		124
史密斯机深蹲	CON-ECC、EE、SUP	x				188
标准硬拉	CON-ECC、EE、SUP			x		48
台阶上踏	CON-ECC、EE、SUP			x		158
定腿硬拉	CON-ECC、EE			x		84
哑铃或壶铃相扑式深蹲	CON-ECC、EE、SUP			x		82
行进弓步	CON-ECC、EE		x			88
外展肌群：臀小肌、臀中肌、臀大肌、缝匠肌						
大腿内外侧器械训练	CON-ECC、EE、SUP	x				156
内收肌群：长收肌、短收肌、大收肌						
大腿内外侧器械训练	CON-ECC、EE、SUP	x				156
靠墙仰卧腿内收	CON-ECC、EE		x			230
小腿：腓肠肌、比目鱼肌						
跳远	CON-ECC、EE		x			128
驴式提踵	2UP/1DN、CON-ECC、EE、SUP		x			198
坐姿提踵	2UP/1DN、CON-ECC、EE、SUP	x				92

（＞接下页）

（＞接上页）

动作名称	离心训练方法	器械	体重	负重	药球或弹力绳	页码
小腿：腓肠肌、比目鱼肌						
站姿提踵I	2UP/1DN、CON-ECC、EE、SUP	x				56
站姿提踵II	CON-ECC、EE、SUP	x				222
腹部和核心肌群：腹直肌、腹横肌、前锯肌、肋间内肌、肋间外肌						
杠铃前蹲	CON-ECC、EE、SUP			x		118
大猩猩式引体向上	CON-ECC、EE		x			110
双臂上杆（杠铃或吊环）	CON-ECC、EE、SUP		x			114
仰卧伸臂	CON-ECC、EE、SUP			x		218
标准硬拉	CON-ECC、EE、SUP			x		48
全身训练						
杠铃后蹲	CON-ECC、EE、SUP			x		46
杠铃前蹲	CON-ECC、EE、SUP			x		118
翻举上拉	CON-ECC、EE、SUP			x		120
高翻	CON-ECC、EE			x		122
抓举	CON-ECC、EE			x		124
二人推拉	CON-ECC、EE		x			164
标准硬拉	CON-ECC、EE、SUP			x		48

前言

为了最大限度地从课程中获益，健身专业人员和抗阻训练爱好者会不断地寻找新的举重技巧和方法。特别地，科学抗阻训练领域还掀起了被称为离心训练的热潮。实证研究显示，离心训练可以高效地提高训练后的代谢速度，提升肌肉力量和耐力，同时可以预防和修复损伤（Schoenfeld, 2010; Gerber et al., 2009）。此外，离心训练适用于任何年龄和健身水平的训练爱好者。

关于离心训练的研究史

阿道夫·欧根·菲克（Adolf Eugen Fick）博士在1882年最先开始研究观察离心肌肉动作。他注意到，拉伸时肌肉的收缩比回缩时产生更大的力量（Lindstedt, LaStayo & Reich, 2001）。1927年，莱文和怀曼证明了，巨头鲸（小鲨鱼）的每块颚肌在全面激活情况下所产生的最大正功是在相同负荷下以同样的速度伸展肌肉时所产生的负功的六分之一（Abbott, Bigland & Ritchie, 1952）。

阿博特（Abbot）等人在1952年还做了进一步的观察。在使用两辆功率车的探索性实验中，对比两名实验参与者背靠背从相反的方向做负功时的生理消耗。比较正功的耗氧量（例如，一名参与者向前蹬脚踏板）和负功的耗氧量（例如，另一名参与者往反方向蹬脚踏板），参与者腿部的肌肉会按照相同的速度和力量运动。研究证明了正功总是比负功消耗更多的能量。另一名研究者阿奇博尔德·V.希尔（Archibald V. Hill）（诺贝尔奖得主）也证明了，身体完成离心肌肉动作比完成向心肌肉动作（Lindstedt et al., 2001）需要的能量更少。在本书第3章中将探讨更多关于离心训练的代谢特征方面的研究。

离心训练在1953年由阿斯穆森（Asmussen）作为"偏心（excentric）"训练引入：ex表示"偏离"，而centric表示"中心"。因此，总体意思是偏离中心。但是，引人注意的是，虽然离心训练开始引起人们的研究兴趣，但是很少有后续研究继续探究拉长肌肉收缩的性质。相反，大多数研究者都将研究方向转为如何理解肌肉收缩动作的复杂机制和生理现象。

此外，大多数会影响我们理解肌肉运作的肌肉生理学经典研究都采用了以下两种实验研究法：等长（固定长度）收缩和等张（固定负荷）收缩。因此，肌肉在强制拉伸时所激活的机制和能量都鲜为人知。幸运的是，林德斯泰特（Lindstedt）等人在2001年开始认识到在常规的运动和训练中拉长收缩的重要性和普遍性。这种训练类型开始受到越来越多的关注。目前，全世界有大量关于运动、康复、疾病预防和一般肌肉骨骼健康的离心训练指导的研究。

关于本书

入门级的健身爱好者和高水平运动员都可以采用以下三种与众不同的离心训练：慢速离心、超负荷离心和双起/单下离心。采用这些训练的关键在于个性化训练设计和强度安排，根据对阻力训练的理解可以轻松完成的任务，本书提供了这项任务（本书数据截至英文版成稿时）。离心训练是一种创新的方法。进行力量训练的专业人士和私人教练可以使用这种方法帮助自己和他们的客户实现甚至超越训练目标。

前言

本书开篇介绍了离心训练发展的研究重点和观察结果。只有理解了肌肉收缩的生理机制才能够充分运用离心训练的方法。为了满足这样的需求，第1章详细介绍了向心和离心训练中所涉及的肌肉、肌肉收缩的生理机制。理解这些基本的生理机制有利于我们更好地向学生和客户解释和指导他们应用离心训练的方法。

第2章详细阐述了三种离心训练的方法。第一种是已经被应用于训练课程的慢速离心训练法。第二种是将较强的强度刺激合并到强化训练的超负荷离心训练法，是突破瓶颈期和增强力量的不错选择。第三种是与众不同的双起/单下离心训练法。这是一种训练上肢或下肢的方式。

第3章深入探讨了静息代谢率以及训练如何改变静息代谢率，静息代谢率的改变与体重控制息息相关。离心训练的一个独特性是运动后新陈代谢可以持续数小时，因此这是一个客户实现减重目标的有效方法。离心训练确实与某种程度的延迟性肌肉酸痛（DOMS）有关联，但是，研究者现在已经证实了一种可以有效缓解肌肉酸痛的训练方法。本书的第4章将全面阐述这种被称为重复运动效应的技术。

私人健身教练和其他专业人士定期设置课程有利于帮助客户提升某些身体因素或运动表现。第5章（力量）、第6章（耐力）、第7章（爆发力）、第8章（减重）和第9章（增肌）将阐述针对这些目标的课程。第5章到第9章每一章都有训练动作、训练课安排和变换练习。

最后，第10章介绍了训练的扩展区——康复训练。术后、关节受伤或患有疾病的运动员、普通成年人和老年人可以关注康复性离心训练。本章结合了研究认识，阐述了将离心训练应用于帮助客户康复的方法。

第5章到第10章阐述了各种不同的训练方法，并将传统训练［这里指的是向心-离心训练法（CON-ECC）］和离心训练结合到一起。CON-ECC采用1～2秒的向心动作和1～2秒的离心动作。在这些章节中，三种离心训练方法分别缩写为：EE（慢速离心训练法）、SUP（超负荷离心训练法）、2UP/1DN（双起/单下离心训练法）。

第5章到第10章还阐述了每个目标课程的训练动作和案例研究。这些训练动作可以作为不同客户日常训练的起始点，还可以在客户训练中重复使用。案例研究包括本书所描述的训练以及私人教练常用的基础训练。为了设计有效的训练方案，专业人士必须考虑几个方面的因素：个体年龄、健身水平、身体成分、性别、健康风险状况、饮食、训练障碍，以及目标。此外，在案例研究中阐述的为期3周的中周期离心训练方案必须在认证健身专业人士的监督指导之下完成。资深的个人健身教练能够与客户紧密协作，从而确保正确的训练技术和合适的训练强度。

本书所提供的以下三种创新的离心训练方法提高了训练的难度：慢速离心训练法、超负荷离心训练法和双起/单下离心训练法。这种由多方面复杂练习构成的训练方案意味着没有一种训练方式是适合所有人的。相反，尽责的专业人士会像艺术家一样不仅掌握工艺的知识、科学和技术，同时还能够巧妙地设计个性化训练方案。从这个角度来看，这些训练课程能够为我们提供基本的指导，并帮助我们制订更高效的个性化训练方案。

附录A和附录B介绍了结合离心训练的为期8周的阻力训练课程。附录C介绍了针对不同运动的基本训练动作，以帮助特定客户或运动员进行训练。

这些离心训练方法为训练专业人士提供了大量的选择。读者可以使用这些方法，争取在训练中取得更好的效果！

第1章　肌肉收缩的生理机制

为了正确地进行向心和离心的肌肉训练，私教和专业人士必须具备扎实的肌肉系统功能和结构的知识。肌肉系统能为人体活动提供力量。同时，肌肉在调节身体新陈代谢方面也发挥着重要的作用。本章阐述了肌纤维的类型和功能，以及肌肉宏观结构和微观成分的解剖生理学，同时，还解释了向心和离心收缩的机制。

肌肉组织

人体包括三种类型的肌肉组织：心肌、平滑肌和骨骼肌。心肌是心脏壁的组成结构，它是一种具备自主节律信号系统且不受意识控制的非随意肌。平滑肌毗邻内脏且不受意识控制。骨骼肌附着于骨骼，并通过肌腱支配力量和身体自主活动。骨骼肌的自主能力由神经系统控制，其通过意识作用刺激收缩和放松。骨骼肌是人体最大的组织，它们约占体重的40%，包括600多块肌肉（Janssen，Heymsfield，Wang & Ross，2000）。

肌肉以群组的方式协同工作，这样人体就可以有效地产生力、功率和速度。躯干、上肢和下肢的大多数肌群都按照相反的配对方式运作，因此当一块肌肉（主动肌）发起一个预期的动作时，相对应的肌肉（拮抗肌）会被延伸或拉伸。例如，当一个人以站立姿势完成肱二头肌弯曲动作时，肱二头肌肌群（肱二头肌和肱肌）会充当主动肌的角色，而肱三头肌肌群（长头、内侧头和外侧头）则作为拮抗肌。

骨骼肌具备弹性、延展性、应激性和收缩性等属性。前两个属性（弹性和延展性）有助于肌肉拉伸（类似于橡皮筋的方式）。在不持续拉伸的情况下，骨骼肌可以恢复到正常的静息长度。应激性（或感应性）可以通过生成电脉冲接收和应对刺激来收缩肌纤维。收缩性是肌肉独特的功能，有助于肌肉在端点间缩短或产生张力。

大多数骨骼肌可缩短到静息长度的50%和拉伸到静息长度的170%左右（Herrel, Meyers, Timmermans & Nishikawa, 2002）。骨骼肌的神经受到刺激后会出现三种主要的肌肉动作类型：向心、离心和等长。在向心动作中，肌肉会克服负荷，同时如肱二头肌弯曲动作一样肌肉会缩短（如图1.1所示）。在离心动作中，肌肉在拉长过程中产生了张力（如图1.1所示）。离心动作经常出现在关节的减速或放缓过程中。例如，下楼梯时，股四头肌肌群的离心动作可以减缓膝盖弯曲。

因此，向心和离心动作都属于动态动作。在这些动态动作中，肌肉将关节朝缩短或延伸的动作终端移动。另外，在等长动作中，肌肉会生成对抗阻力的力量但是不会克服阻力，因此不会出现关节朝缩短或者延伸动作的终端移动。人体的大多数姿态保持着肌肉等长收缩，这样人体才能够在重力之下保持直立姿势。

图1.1 肱二头肌弯曲动作中的向心和离心动作

（图中标注：向心收缩、离心收缩）

肌肉整体结构

结缔组织组成的外部筋膜包裹了全部的肌肉，这个结缔组织被称为肌外膜（如图1.2所示）。在肌肉中，肌纤维可以组成不同大小的肌束，每一个肌束包含150多个肌纤维。每一个肌束又被名为肌束膜的结缔组织包裹。

骨骼肌的结构组成单位是肌纤维，也就是肌细胞。肌纤维是圆柱状细胞，每一个细胞都包含数百个细胞核。每个肌纤维都被称

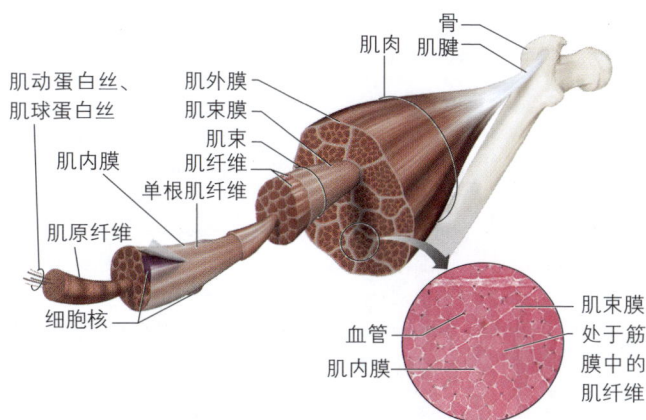

图1.2 肌肉宏观结构

其他细胞器组成。肌质与其他细胞的细胞质不一样，它包含了大量可作为能量使用的糖原以及可用于合成氧气的肌红蛋白。此外，肌质还包含错综复杂的横小管。

肌纤维也包含一种被称为肌质网的组织网状物，它是存储钙离子的特殊导管系统。本章将在探讨了肌肉收缩系统之后阐述这个系统的重要功能。

为肌内膜的结缔组织包裹。结缔组织可以将肌纤维与其他组织分开。

肌纤维结构和组织

在肌内膜下面，每一个肌纤维都被一层薄薄的细胞质膜包围着。这个可以与肌内膜结合的细胞质膜被称为肌纤维膜（如图1.3所示）。肌纤维膜的主要功能是指引肌纤维表面神经轴突的动作电位电化学去极化——产生刺激信息。神经轴突指的是延伸到目标组织的部分神经细胞。从肌纤维膜延伸的横小管通过纤维传递信息，也可以将物质（例如，提供能量的葡萄糖）传输到肌纤维中心（Dohm & Dudek, 1998）。

通过光学显微镜，可以观察到肌纤维的亚显微结构包含细胞器官结构和成分。肌纤维膜的下面是基底膜（或基板），它具有再生功能。基底膜的下面是在细胞成长中发挥监管职能的卫星细胞（Zammit, Partridge & Yablonka-Reuveni, 2006）。

肌质是一种类似于明胶且填充在肌纤维之间的液体，同时也是细胞的组成部分。肌质由脂肪、糖原、酶类、细胞核、线粒体和

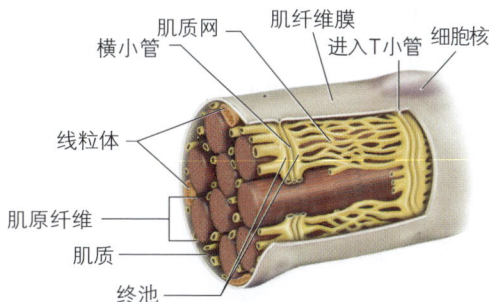

图1.3 肌纤维的亚显微结构

肌纤维蛋白组织

每个肌纤维都包含成千上万的肌原纤维。这些肌原纤维相互并排，同时发挥作为骨骼肌肉收缩要素的作用。肌原纤维主要由肌动蛋白丝和肌球蛋白丝组成。这两种蛋白也称为肌丝（表示肌肉细丝的意思），如图1.4所示。仔细观察图1.4，可以看到肌丝由较细的肌动蛋白丝和较粗的肌球蛋白丝所组成。肌纤维复合体还包含了其他几种蛋白，其中包括肌钙蛋白、原肌球蛋白和肌联蛋白等。

通过光学显微镜观察肌纤维的表面，可

3

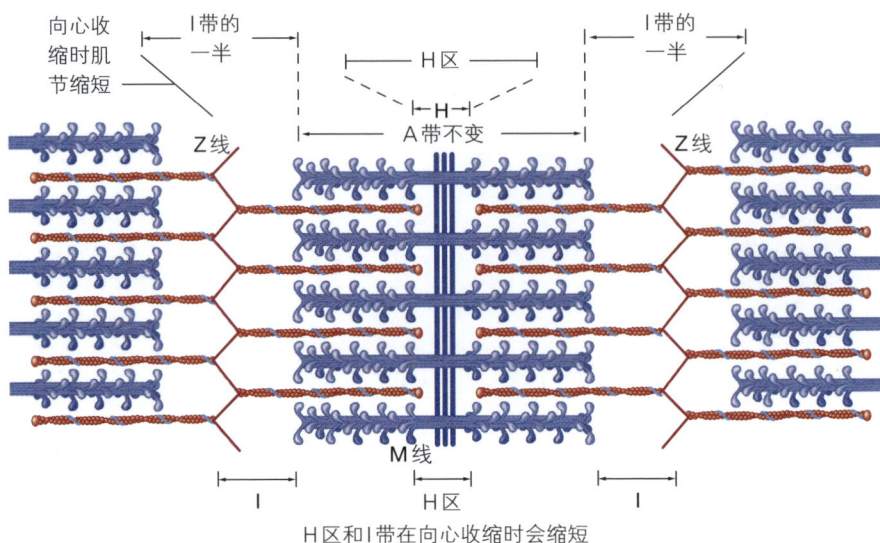

图 1.4　肌节是肌原纤维的基本功能单位

经许可转载自：L. Kenney, J. Wilmore, and D. Costill, 2012, *Physiology of sport and exercise*, 5th ed. (Champaign, IL: Human Kinetics), 35.

以看到肌动蛋白丝和肌球蛋白丝的排列呈现为明显的暗与亮条纹。整个肌纤维都是这种条纹模式。这就是骨骼肌也被称为横纹肌的原因。较暗区域是"A带"，而较亮区域是"I带"。肌动蛋白附着于I带平分线位置，也就是"Z线"位置。Z线附着于肌纤维膜上。这就是稳定的肌肉组织亚显微结构。

从Z线到Z线之间的重复序列即为骨骼肌的功能单元，也就是肌节。肌原纤维由大量肌节组成，这些在Z线上的肌节的两端是相连的。Z线的另一边是只包含肌动蛋白丝的较亮的I带。而较暗的A带包含了肌动蛋白丝和肌球蛋白丝。但是，在A带中间的间隙里只有肌球蛋白丝，这个区域就是H区。H区包含了被称为M线（肌节的中心）的较暗区域，这个较暗区域是由连接相邻肌球蛋白丝的蛋白组成的。

肌动–肌球蛋白排列

为了了解肌肉向心和离心收缩产生力的

方式，我们要深入理解肌动蛋白和肌球蛋白的生理结构。肌动蛋白由两种形状如同双螺旋的细肌丝组成。这意味着，肌动蛋白是以两条绕着彼此扭转的线的形式呈现的（如图1.5所示）。另外两个附着的重要蛋白质成分（原肌球蛋白和肌钙蛋白）帮助肌动蛋白在肌肉动作中发挥作用。原肌球蛋白是一个长的带状蛋白质，它盘绕在肌动蛋白双螺旋上并位于肌动蛋白形成的凹槽上。

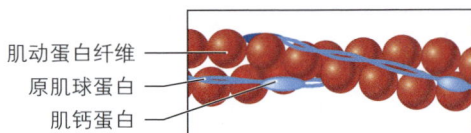

图 1.5　肌动蛋白

经许可转载自：L. Kenney, J. Wilmore, and D. Costill, 2012, *Physiology of sport and exercise*, 5th ed. (Champaign, IL: Human Kinetics), 32.

人们认为，肌肉没有力量是因为原肌球蛋白封锁了肌动蛋白–肌球蛋白相互作用或结合的结合位点。另外，肌钙蛋白是一个定期附着在原肌球蛋白上的球状分子。肌钙蛋白能够与钙离子（Ca²⁺）紧密结合在一起。这种生化结合在肌肉动作中起着重要的作用。

　　肌球蛋白是一个有着独特组件且较厚的单纤维。分子附着在蛋白质线上，它有两个被称为肌球蛋白头和横桥的球状头（如图1.6所示）。包含横桥的组件有时候被称为"重链"。蛋白质线会交织在一起构成长轴、"尾巴"或者"轻链"。成千上万的肌球蛋白分子

会尾巴对着尾巴捆绑成一束。部分单纤维上的球状头会指向一个方向，而另外部分单纤维上的球状头则指向相反方向。在中间没有球状头的地方是 M 线。大量组成肌联蛋白的细小单纤维能够在纵轴上保持肌球蛋白的稳定性。在肌肉收缩时，肌球蛋白的球状头会随着横桥拉伸，与肌动蛋白丝的特定位点结合，从而在两个单纤维之间构成结构和功能的连接。

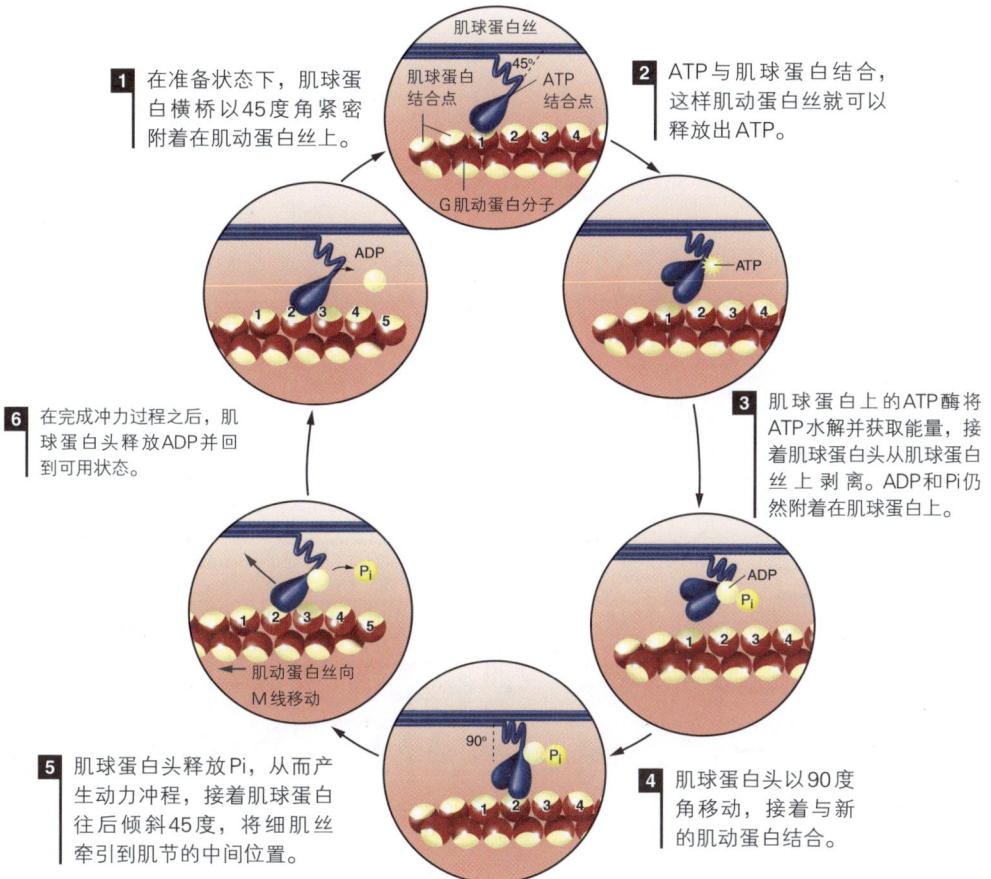

图1.6　在收缩循环中肌球蛋白和肌动蛋白的蛋白质分子

经许可转载自：SILVERTHORN, DEE UNGLAUB, *HUMAN PHYSIOLOGY: AN INTEGRATED APPROACH*, 4th Edition, ©2007, p. 405.

肌肉收缩的肌丝滑行理论

肌肉收缩的肌丝滑行理论指出，当肌球蛋白丝和肌动蛋白丝之间产生滑行时会改变肌肉长度（如图1.7所示）。肌丝本身并不会改变长度；相反，肌节会缩短（向心动作）或者拉长（离心动作），从而产生力量。当肌球蛋白的横桥与肌动蛋白的位点结合并旋转时，肌丝长度会发生改变从而导致单纤维滑行。肌动蛋白单纤维会滑过肌球蛋白丝，同时肌球蛋白的横桥会产生收缩的力量。这就像收桨一样，绕着固定的位置以一定的弧度旋转。

在向心动作中，肌节的Z线会被拧成一股，而I带和Z线的区域会缩小。从A带的长度看，肌球蛋白丝的长度没有发生改变。但是，在等长收缩时，I带和H区的空间仍保持不变。分子运动的能量来自三磷酸腺苷（ATP）的分裂。

下面的步骤展示了肌肉做向心、等长或离心动作时的肌丝滑行理论的复杂顺序。

1. 在做出任何肌肉动作之前，肌纤维必须接收来自运动神经元的动作电位信息。

2. 肌纤维接收信息之后会通过横小管向肌质网传送电脉冲。

3. 电荷会让肌质网快速释放钙离子（Ca^{2+}）到肌质中。

4. 在静止状态下，原肌球蛋白会覆盖肌动蛋白丝的结合位点，从而封锁肌动蛋白接口。但是，当肌质网释放钙离子时，情况就发生改变了。钙离子与能够紧密附着钙离子的肌钙蛋白结合到一起。接下来，位于原肌球蛋白头部的肌钙蛋白会产生一个让原肌球蛋白偏离结合位点（肌动蛋白上）的分子过程。

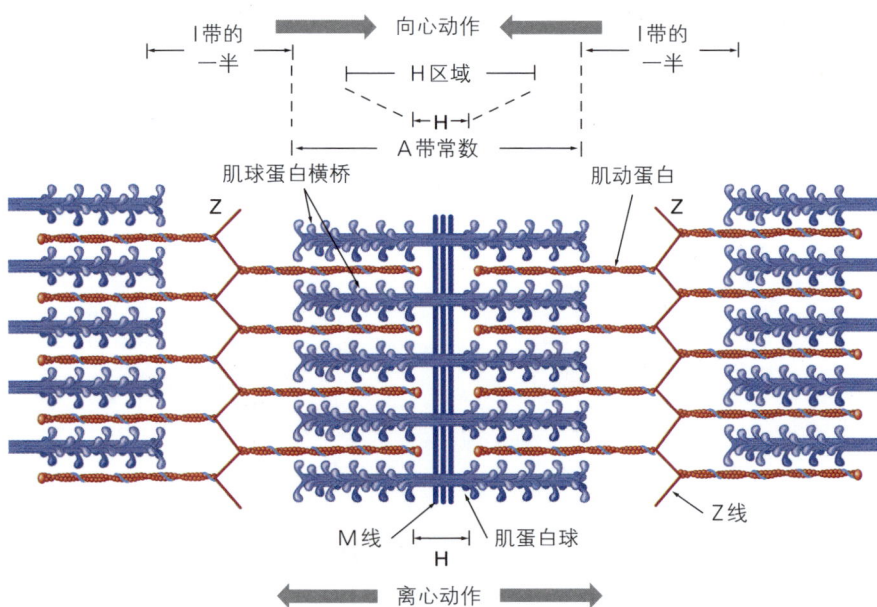

图1.7 肌节结构：向心和离心动作的机制。在向心动作中，肌球蛋白横桥彼此之间相互附着和吸取肌动蛋白质，从而缩短了肌节。在离心动作中，肌球蛋白横桥附着在一起，但是肌动蛋白质彼此迁离（因为负荷比肌肉所产生的力量更强），从而拉伸了肌动蛋白

经许可转载自：L. Kenney, J. Wilmore, and D. Costill, 2012, *Physiology of sport and exercise*, 5th ed. (Champaign, IL: Human Kinetics), 35.

5. 肌球蛋白横桥现在可以附着在肌动蛋白丝的结合位点上。

6. 在激活了肌球蛋白横桥之后，肌球蛋白横桥会与肌动蛋白结合，从而导致横桥发生力学变化。这样它们就可以在一个被称为动力冲程的动作中绕着固定位置以一定弧度旋转。

7. 这个动作会出现肌动蛋白丝滑动覆盖（或者靠近）肌球蛋白，从而出现肌肉收缩。这就是向心肌肉动作（或收缩）。

8. 肌球蛋白横桥的球状头是三磷酸腺苷（ATP）酶存储的位置。它可以加速ATP分裂成二磷酸腺苷（ADP）、无机磷酸盐（Pi）和能量。ATP是所有向心、离心和等长肌肉收缩的能源物质。

9. 在出现收缩脉冲之后，肌球蛋白横桥会立刻从受体位点分开并后旋到它们原来的位置。ATP会为肌动蛋白和肌球蛋白的分解提供所需的能量。

10. 横桥分离之后会再次出现ATP分裂（这里指的是ATP水解作用，因为该反应有水分子参与）。接着，肌球蛋白横桥会重新附着在更远的肌动蛋白丝的新结合位点上并发生另一个收缩脉冲，然后再次导致肌动蛋白丝覆盖肌球蛋白。ATP微粒分裂会促进横桥附着或分离循环（Herzog, Leonard, Joumaa & Mehta, 2008）。

11. 在等长动作中，肌球蛋白横桥继续进行结合、旋转和分离的过程，但是它们会在相同的位点重新附着，因为在肌节上不会发生任何运动。

12. 在离心肌肉动作中，肌球蛋白横桥会完成附着运动、收缩脉冲、分离和重新组合的过程，但是因为肌肉拉伸是一个离心动作，因此Z线会分离。

肌肉动作终止

肌肉动作会持续到肌肉刺激结束，这样可以避免肌质网进一步释放钙离子。在这个过程中，ATP会调节钙离子抽运系统，将肌质中的钙离子输送到肌质网存储。随着钙离子的消除，肌钙蛋白也会失效，从而导致原肌球蛋白转移到休息位置，再次覆盖肌球蛋白横桥的结合位点（肌动蛋白丝）。ATP水解作用终止，同时肌纤维恢复到放松状态。

肌纤维类型

可以根据新陈代谢和收缩属性将肌纤维分成快缩型（II型）肌纤维和慢缩型（I型）肌纤维。由于大量的新陈代谢因素，快缩型肌纤维可以产生快速且充满力量的肌肉动作。这些因素诸如非常发达的肌质网以及高水平的肌球蛋白ATP酶快速释放的钙离子，以及催化ATP分裂成ADP和Pi以及释放能量的酶。快缩型肌纤维的收缩速度和爆发力量比慢缩型肌纤维要快3 ~ 5倍。快缩型肌纤维主要使用血糖和肌糖原作为能源，因此主要在举重训练、棒球、排球和网球等无氧类型活动中使用。

快缩型肌纤维可以进一步分成IIa型和IIx型纤维。IIa型纤维是一种中性的媒介纤维，可以在无氧和有氧的情况下产生能量，它们被称为快速氧化糖分解（FOG）纤维。IIx型纤维被称为快速糖分解（FG）纤维，具备大量的无氧电位。

慢缩型肌纤维一般参与长时间有氧运动，因此被认为是抗疲劳肌纤维，而快缩型肌纤维则很快出现疲劳。慢缩型肌纤维没有发达的肌质网，因此处理钙离子较慢，并且肌球蛋白ATP酶的活跃度不高，从而抑制了ATP水解作用（或分离水）的速度。但是，慢缩型肌纤维包含大量线粒体（细胞的能量工厂）和线粒体酶，这些物质都可以提升有氧代谢的功能。慢缩型肌纤维往往被称为慢氧化（SO）纤维，因为它们高度参与有氧代谢并且降低收缩频率。因此，纤维会根据氧气输送量的增加而提升血流量（这是一种结构性和功能性适应）。表1.1列出了更多关于人体肌纤维类型的特点。

表1.1　人体肌纤维类型的特点

特点	慢缩型（I型）	快缩型（IIa型）	快缩型（IIx型）
能量系统（主要的）	有氧	化合	无氧
厚度	薄	中等	厚
糖原含量	低	高	高
收缩频率	慢	快	快
肌红蛋白含量	高	中等	少
毛细血管	很多	中等	少
单位横截面积的力	低	中等	高
耐力	高	中等	低

特定人群的肌纤维类型分布

人的手臂和腿部肌肉一般都是由相似肌纤维类型组成的（只有在行走运动中需要踝关节跖屈肌参与的比目鱼肌是一个例外。它是一块慢缩型肌纤维主导的肌肉）。一般情况下，大多数人都具备均等的 I 型和 II 型肌纤维（Kraemer, Fleck & Deschenes, 2012）。因此，肌纤维分布不会出现性别差异，而只存在绝对的肌肉大小差别。

但是，不同的肌纤维类型在世界级运动员身上存在明显的差别。短跑运动员的腿部倾向于有更多的快缩型肌纤维，耐力型运动员则具备更多的慢缩型肌纤维，而中距离跑的运动员具备均匀分布的快缩型肌纤维和慢缩型肌纤维。纤维类型只是运动成功的一个因素，并没有证据显示其可以有效预测运动员水平（Kraemer et al., 2012）。

肌纤维快慢收缩特征的出现发生在出生后的前几年，因此，它们是由遗传决定的，而且直到晚年才会发生改变。随着年龄的增长，人们会因为缺乏身体运动等慢慢失去快缩型肌纤维。

小结

对于私教和运动专业人士来说，健身课程的重点是教导正确的练习技术。本章阐述了骨骼肌通过向心、离心和等长动作产生力的独特功能。同时，本章通过解释骨骼肌的结构和功能以及肌纤维类型的特点，进一步探讨了人体产生和控制运动的方式。

第2章　了解离心训练方法

本章旨在提醒私教和相关专业人士，必须确保参加训练的客户完成针对每项阻力训练的全身性准备活动以及针对肌肉关节的热身。一个合适的热身可以帮助循环系统和神经肌肉系统做好应对训练要求增加的准备。这个准备对入门级的客户特别重要。

阻力训练对个人健康和体能水平提升的效果因人而异。但是，一般情况下，肌肉健康的长期改善需要采用适应个体且系统有效的训练刺激，同时（循序渐进地）增加更多的训练刺激。本章阐述了三种刺激肌肉的独特离心训练方法：慢速离心训练法、超负荷离心训练法和双起/单下离心训练法。

不管是为了提升运动表现还是保持健康，成功主要取决于运动专业人士对阻力训练的循序渐进的安排，以及练习的多样性和训练计划的个体化安排。我们的目的是帮助教练掌握这方面内容，并将这些离心训练技巧高效地应用到客户身上。

阻力训练一般执行到客户肌肉疲劳时，也就是在客户没有能力产生足够的力克服负重的时刻。例如，10RM意味着客户可以在一组练习中完成10次重复但是无法完成第11次。虽然负重对于肌肉增长效果至关重要，但是对于"总是练习到无法继续"这一观点仍然需要进行批判性地研究和分析。

阻力训练的另一个要点，特别是对于离心训练来说，是运动的速度，这里的速度往往指的是节奏，例如举起和放下杠铃的频率，也可以指发力的节奏、发力的速度或者重复速度。最重要的是完成指定组数重复次数的频率。本文所指的传统举重训练是CON-ECC，即1～2秒向心动作（例如，一个动作的推举阶段）和1～2秒离心动作（例如，一个动作的下放阶段）的组合训练。本书阐述的离心训练方法利用了基于实证研究的应用，这些应用通过变化离心发力的相关指标来提高人体的生理和代谢水平。

慢速离心训练法

慢速离心训练法是一种独特的外部负载训练方法，这种方法采用慢速放下或在离心阶段重点刺激的方式进行训练。当增加训练刺激时，拉伸会引起肌肉变化，从而增强肌肉的力量、功能和大小（Schoenfeld, 2010）。事实上，最新研究表明，使肌肉长时间处于紧张状态，能够促进代谢，并促进蛋白的合成，且这一现象发生在训练后24～30小时（Burd et al., 2012）。

这种训练方法必须以递增超负荷的方式进行，入门级客户更应如此。研究显示，对于所有健身级别的客户，持续的肌肉增长和发展需要一个独特的运动刺激（Burd et al., 2012）。本章阐述了有科学论证的离心训练技术。

离心负重提升肌肉力量的理论主要基于以下几个原因：增强肌肉神经刺激，提升肌肉弹性势能以及促进肌肉增生。这些内容将在第5章中作进一步阐述。

本章目前主要关注三种离心训练方法的特点、技术和步骤。在使用慢速离心训练法时，运动专业人士应留出时间让客户熟悉这种训练方法。图2.1展示了一项使用慢速离心训练法的练习。

慢速离心训练步骤

1. 使用客户通常选用的力量训练重物。
2. 例如，假设客户一般使用每组最多8次重复（8RM）的训练。这意味着他或她会在8次重复后出现瞬间肌肉疲劳。
3. 客户用1秒完成向心动作（举起该重物）。

图2.1　坐姿肩上推举——使用慢速离心训练法的练习：（a）开始姿势；（b）缓慢放下阶段

4. 客户用3 ~ 4秒下放重物以完成离心收缩（肌肉拉伸对应的动作阶段），从而加强离心阶段的训练。（这就是被命名为"慢速离心"的原因。）对于一组练习内的每次重复，客户必须用1秒完成向心动作，3 ~ 4秒完成离心动作。

5. 客户完成8次重复以达到疲劳（也就是8RM）。教练很可能需要在客户开始疲劳时协助客户完成向心上举。

6. 根据客户的目标，个性化安排训练组数。

7. 根据客户的训练目标确定重复次数。训练目标包括发展力量、爆发力、耐力、减重、肌肉大小或康复水平。重复次数范围为2 ~ 20次——所有训练次数都采用3 ~ 4秒离心动作和1秒向心动作。

假设一名客户一般能够在坐姿肩上推举动作中完成一组6次重复。那么，教练可以为客户提供重量合适的哑铃，这样客户就可以在准备过程中练习使用慢速离心训练法。接着，教练可以指导客户继续完成以下训练。

第1步：紧紧抓住两个哑铃，接着将哑铃举过双肩。上臂位于躯干两侧。用1秒将哑铃往上推，直到双臂完全拉伸。

第2步：用3 ~ 4秒慢速平稳地将双臂下放到身体的两侧，以在离心阶段重点刺激肌肉。继续使用这一慢速离心训练法重复练习。

超负荷离心训练法

超负荷离心训练法已经被证实非常有利于引起肌肉力量变化和使肌肉增大（Schoenfeld, 2011）。为了产生预期的改变，设计力量训练的原则包括控制重复次数和组数、动作速度、组间间歇、训练课间的恢复，以及练习选择和负荷。重复次数、组数、练习类型和阻力的特定组合有利于个体在进行训练时达成目标或目的。

超负荷离心训练法与被验证的渐进超负荷理论概念是对应的。为了增强力量，必须刺激人体自然地适应过程，让骨骼肌肉足以应付新的挑战。在渐进超负荷离心训练中（如图2.2所示），练习者在逐渐增加阻力的情况下锻炼自身肌肉。可以使用器械、自由式杠铃、药球、弹力绳或其他运动设备创造性地进行渐进超负荷离心训练。渐进超负荷离心训练不仅刺激肌肉力量改变和肌肉增生，同时有利于形成较强的骨骼、韧带、肌腱和关节软骨，从而保护骨骼系统。

力量型和爆发力型运动员专注于提高他们的1RM水平。1RM是一种测量力量增减的方法。最大力量增加一般会增加肌肉在大范围的动作速度内的力量生成能力。此外，运动员或者练习者的1RM越高，其以次最大强度完成的训练量就越多，从而提高次最大强度的肌肉表现。

超负荷离心训练步骤

1. 使用客户通常选用的力量训练重物。

2. 假设客户能以130磅（大约59千克）完成10RM的上斜卧推，换言之，客户可以完成10次130磅的上斜卧推，但是无法完成11次。

使用超负荷离心训练法时，一开始客户可以采用通常训练重量的105%左右。这里所使用的重要是135磅（大约61千克）。

3. 客户用1秒完成了上斜卧推的举起阶段。

4. 客户以3～4秒慢慢地下放重物，以增强离心阶段的刺激。通过这种方式，慢速离心训练法可以合并到超负荷离心训练法中。随着客户能力的提升，可以逐渐增加最大负荷（例如，增加到通常训练重量的107%、109%、111%等，甚至达到125%）。有些运动爱好者可能会对超负荷离心训练法感到疲劳。做好在向心运动阶段帮助客户的准备。

5. 根据客户的目标个性化安排组数。

例如，假设客户在正常杠铃负重的情况

图2.2　上斜卧推——使用超负荷离心训练法的练习：（a）开始姿势；（b）慢慢下放阶段

下一般可以重复完成8次上斜卧推训练。那么，为了做好超负荷离心训练的准备，教练可以在杠铃上增加5%以上的重量来增加负荷。接下来，教练可以指导客户按以下步骤进行训练。

第1步：躺在长凳上。张开双手，握住杠铃，双手间的距离比肩宽8～10厘米。将机械架上的杠铃举起，接着慢慢弯曲双臂将杠铃举过胸部，在靠近颈部的位置。采用1秒向心动作伸直双臂完成推起动作。

第2步：用3～4秒缓慢地将杠铃下放到接近颈部底部的位置，从而增加对肌肉的离心阶段的刺激。

即使只是比平时增加了5%的重量，客户也会开始感到疲劳。全程观察客户，并在必要的时候提供帮助，特别是在每组的最后几次重复时。帮助客户数3～4秒来控制下放速度，往往有利于强调慢慢下放杠铃的过程（突出离心）。

双起/单下离心训练法

科研人员一直致力于观察人体对肌肉超负荷的反应机制，以便促进肌肉增长、增强肌肉的力量和耐力。但是，我们都清楚不同的训练类型会产生不同的肌肉表现效果。众多运动项目的运动员都证明了这个事实，并将不同的练习方法纳入他们的训练中。这些运动员都拥有不错的肌肉力量和运动表现。

在阻力训练计划开始时期，增强肌肉力量与肌肉横截面的改变并没有直接关系。确实，前两个或者前八个星期的阻力训练效果会更明显地体现在与神经适应性相关的力量改变上。这涉及更有效的肌肉神经通路。这些早期的适应性训练其实就是神经募集的增强（Gabriel, Kamen & Frost, 2006）。

这些早期神经募集力量获取的其中一个重要元素是运动单位（即运动神经元及其所支配的肌纤维）的募集（Gabriel, Kamen & Frost, 2006）。正如本书的其他章节所探讨的，骨骼肌是纤维类型或运动单位的组合。运动单位包含了全部肌肉的一系列机械和生理属性。肌肉在完成平滑且协调的动作时，必须激活足够数目的运动单位才能在合适的时期生成所需要的力量。

大量证据证明，运动单位是按照从最慢到最快的顺序被激活的。双起/单下离心训练法的有效性可能很大程度上是因为增强了肌肉神经募集的能力，从而提升了运动单位的募集。这种可能性需要更多基于证据的研究。

教练按照两种技术使用双起/单下离心训练法：双侧交替技术和同侧技术。

双侧交替技术训练步骤

1. 双侧交替技术的训练包含对双臂和双腿的训练，而且经常使用固定重量的训练器械。这些设备采用稳定负重技术，例如，类似滑轮或滑轨负载机制。从安全的角度出发，往往一开始会采用固定重量器械（如图2.3所示）来使用这种技术，因为客户可以使用单侧肢体来降低重量。因此，客户在从双肢动作转换到单肢动作的过程中，使用固定器械不可能减少重量。一旦客户熟悉了这个技术，那么他就可以使用任意重量完成训练。

客户一开始使用40%～50%的常用重量进行特定肌肉的练习。随着客户适应性的提升，可以逐渐增加负重。

假设客户一般可以完成10RM的100磅（约45千克）肱二头肌弯曲（在固定重量的肱二头肌弯曲器械上），这意味着客户可以完成10次100磅重复。在练习双起/单下离心训练法时，客户一开始可以使用40%或者50%的常用重量，即使用40～50磅（18～23千克）的杠铃。

图2.3　45度蹬腿练习：（a）开始姿势；（b）慢慢下放阶段

2. 在练习双侧交替技术时，客户可以使用双臂完成向心杠铃弯曲动作，接着再使用单臂下放杠铃。客户可以重复练习向心提举，接着交替手臂重复练习下放杠铃。这就是"双起/单下双侧交替"名称的由来。

3. 让客户用1秒完成向心部分的动作并在3～4秒下放杠铃。

4. 根据客户的目标，制订个性化训练组数。

5. 记住，如果目标是每只手臂完成10次重复训练，那么客户必须总共完成20次重复训练——10次左臂下放和10次右臂下放。

假设客户一般可以完成10次45度蹬腿练习，那么教练可以设置客户常用重量的50%的重量，以便做好双侧交替技术训练的准备。接着，教练可以指导客户按照以下步骤继续训练。

第1步：平躺在器械的倾斜面。双脚放在平台上分开并保持与肩同宽。双腿伸直并松开停止杆。双腿伸直完成推举的向心阶段训练。

第2步：弯曲双腿，右腿往下放3～4秒，直到大腿接近胸部。左腿可以稍微离开平台（不发生接触）。这就是单下阶段。

第3步：左脚放回平台上，双腿伸直，保持开始姿势。这是双起阶段。

第4步：弯曲双腿，左腿往下放3～4秒，直到大腿接近胸部。右腿可以稍微离开平台。

第5步：右脚放回平台上，双腿伸直，保持开始姿势。

第6步：继续交替左右腿，完成20次重复下放的训练次数（10次右腿和10次左腿）。

提醒客户在训练时保持正常呼吸。

同侧技术训练步骤

1. 同侧技术训练同样包括双臂和双腿的训练。客户一开始使用40%～50%的常用重量进行特定的肌肉训练。随着客户适应性的提升，可以逐渐增加负重。

假设客户在使用恰当负重的情况下一般可以完成10RM腘绳肌弯曲（如图2.4所示）。在练习同侧双起/单下离心训练法时，客户一开始可以使用常用训练重量的40%～50%练习。为了练习同侧技术，客户可以双腿弯曲完成负重向心训练，接着单腿下放负载。客户按照这个顺序重复10次训练：双腿练习向心推举，接着单腿练习下放负重。接下来，客户可以使用另一条腿重复10次完成一组训练。这就是同侧双起/单下法。

2. 让客户用1秒完成向心动作，3 ~ 4秒完成离心动作。

3. 根据客户的目标，制订个性化训练组数。

4. 记住，如果目标是单腿完成10次重复训练，那么客户必须完成20次重复——10次右腿下放和10次左腿下放。

假设客户一般可以在腘绳肌弯举器械上完成10次训练，那么教练可以设置重量为客户常用重量的50%来帮助客户做好同侧技术训练的准备。接着，教练可以指导客户按照以下步骤继续训练。

第1步：俯卧在腘绳肌弯举器械上，双膝跪在软垫的边缘。脚后跟放在滚筒底座下方，接着伸展双腿。抓住器械顶端的手柄或衬垫的边缘以便控制身体。慢慢地弯曲双腿，并在1秒完成向心动作。

第2步：用3 ~ 4秒下放左腿（保持右腿离开滚筒垫子，这样右腿就不会受力）。

第3步：将双脚后跟放在滚筒垫子下面，慢慢弯曲双腿直到最大弯曲度。与之前的训练一样，这里只使用左腿下放。

第4步：按照这个顺序完成10次重复——使用双腿推举，接着使用左腿下放。

第5步：现在换右腿完成下放训练。伸展双腿，并用3 ~ 4秒下放右腿（保持左腿离开滚筒垫子，这样左腿就不会受力）。

第6步：按照这个顺序完成10次重复——使用双腿推举，接着使用右腿下放。

第7步：在完成单侧肢体动作的过程中，身体其他部分要保持支撑状态，这样身体才不会出现转动或扭动。

定期在双侧交替技术训练和同侧技术训练间切换，这样客户才能不断地进行不同负重类型的训练。

小结

在正确训练过程中，离心训练能够提供功能性的益处。因为肌肉的神经性、机械性和细胞适应性会影响个人的平衡和动作水平（LaStayo et al., 2014），同时全面提升力量、

图2.4　使用同侧技术进行双起/单下腘绳肌弯曲训练：（a）开始姿势；（b）慢慢下放阶段

耐力和身体健康水平。我们鼓励运动专业人士花费适当的时间向客户讲解和演示这三种独特的离心训练方法：慢速离心训练法、超负荷离心训练法和双起/单下离心训练法。良好的运动表现技术和策略课程设计组合能够产生更好的力量训练结果。循序渐进地向客户介绍这三种离心训练方法，以便客户能够自信地完成这些训练。客户一旦掌握了离心训练技术，就可以采用不同的负重和重复次数来训练，以实现锻炼肌肉的目标。

第 3 章　离心训练的代谢特征

本章将概述能量平衡，以便读者更好地理解离心训练提升新陈代谢的方式。在体重管理方面，能量平衡的传统组成包括静息能量消耗、食物热效应以及活动能量消耗。静息能量消耗（REE）是一种用于维持生命的非运动能量消耗；本书中一般指的是静息代谢率（Resting Energy Expenditure，RMR）。RMR大约占人体能量需求的三分之二；图3.1描绘了一天24小时总能量消耗（Total Energy Expenditure，TEE）的主要组成部分。

静息代谢率

个体的身体成分（脂肪与肌肉）、体型（更重的体重需要更高的RMR才能维持生命）、激素、遗传、器官大小和其他目前仍未被人们理解的要素会对RMR造成影响（Hall et al., 2012）。此外，虽然大脑、心脏、肾脏和肝脏的质量相对小些，但是也需要相当多的能量，因此，它们所消耗的能量占据了RMR的大部分。客户在学习静息代谢率的重要性时，往往都想知道自身的RMR。

RMR是按照每天消耗多少千卡（1000卡≈4185.85焦耳）能量的方式计算的。从技术上看，千卡等同于1000卡。

回顾弗兰肯菲尔德、罗斯－尤西和康珀（2005年）所研究的评估RMR的知名方程式。他们发现Mifflin–St Jeor方程式（Mifflin et al., 1990）是非常准确的。这个方程式的数据来自大约250位男性和250位女性，他们的年龄为19 ~ 78岁。这里有两个方程式版本，一个是针对男性的，另一个是针对女性的。

男性：RMR =［10 × 体重（千克）］+［6.25 × 身高（厘米）］－［5 × 年龄（岁）］+5

女性：RMR =［10 × 体重（千克）］+［6.25 × 身高（厘米）］－［5 × 年龄（岁）］－161

现在以一名体重140磅、身高5英尺6英寸（即66英寸）的30岁女性客户为例。首先，以磅为单位的客户体重直接除以2.025就可以得出以千克为单位的客户体重。在这个简单的例子中，客户可以按照以下方式计算以千克为单位的自身体重：140÷2.205 = 63.5（千克）。其次，以英寸为单位的客户身高直接乘以2.54就可以得出以厘米为单位的客户身高。在这个示例中，女性客户可以按照以下方式计算以厘米为单位的自身身高：66×2.54= 167.64（厘米）。

根据这里的换算方式，我们现在可以按照以下方式评估客户的RMR：

RMR =（10×63.5）+（6.25×167.64）－（5×30）－161

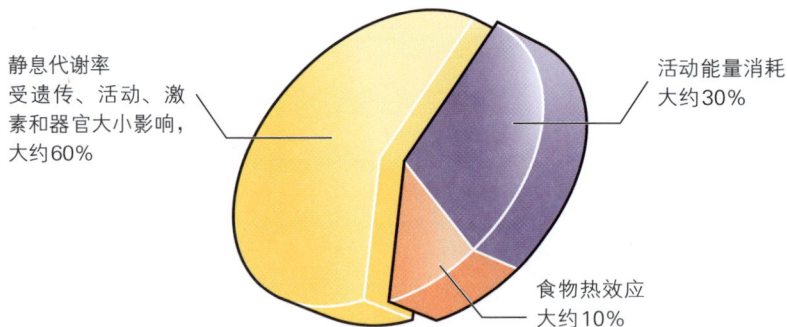

静息代谢率
受遗传、活动、激素和器官大小影响，大约60%

活动能量消耗
大约30%

食物热效应
大约10%

图3.1　一天24小时总能量消耗的组成部分

RMR ≈ 635+1 048−150−161

RMR ≈ 1 372 千卡/天

　　RMR 是一个很棒的教学工具，运动专业人士可以在教学中使用这个工具。相对于身体维持生命所需要的能量，每天所消耗的能量通常被人们忽视。

　　可以预见的是，RMR 在不同的个体之间存在巨大的差异。拉泽尔等人（2010 年）对8 780 名年龄为 7 ~ 74 岁的肥胖参与者进行了关于 RMR 与性别、年龄和身体成分之间关系的观察。结果发现，参与者之间存在明显的 RMR 差异。研究者认为，综合遗传因素、体力活动水平、器官质量和荷尔蒙因素可以解释产生这个结果的原因。事实上，因为个体差异，评估 RMR 的 Mifflin−St Jeor 方程式允许存在 10% 上下浮动的误差幅度。

　　客户一旦掌握了什么是 RMR，那么接下来就会想了解传统阻力运动能够使 RMR 发生怎样的变化。为了回答这个问题，亨特等人（2000 年）对久坐不动和年纪较大（61 ~ 77岁）的男性和女性进行了为期 26 周的阻力训练研究。研究志愿者在监督之下完成训练。这个训练由以下两组 10 次重复的练习组成（组间休息 2 分钟）：侧下拉、胸部推举、坐姿划船、肘关节伸展、肘关节屈曲、腿部伸展、腿推、坐式推举、背部伸展、屈腿仰卧起坐（重复 15 ~ 25 次），以及蹲起或腿部推举（由监督的运动生理学家决定）。

　　参与者以他们最大力量（1RM）的65% ~ 80% 强度进行训练，根据日常训练日志循序渐进地增加阻力负载，同时，每三个星期进行 1RM 测试。在为期 6 个月的研究结束时，男性和女性参与者的 RMR 都增加了7%，或者说每天增加近 100 千卡消耗。

　　至今，没有任何研究证明长期进行离心训练会对 RMR 产生影响，但是鉴于这种训练类型独特的生理差异（相对于传统的阻力训练），长期训练的效果一定会更明显。目前，通过亨特等人（2000 年）为期 6 个月的研究，我们可以很清楚地认识到，持续地、循序渐进地增加阻力训练可以明显地影响RMR。在这个研究中，男性和女性所体验的结果说明了定期进行阻力训练会对体重管理项目产生深远的影响。

食物热效应

　　食物热效应（Thermic Effect of Food，TEF）是处理、吸收和消化食物所消耗的能量。TEF 的生理过程包括吸收消耗食物、将食物输送到人体细胞、分解食物化学键生成能量，以及将某些食物作为糖原（肌肉和肝脏内）或者脂肪（脂肪组织沉积物）存储。这些过程都需要能量。此外，运动专业人士还必须向客户解释，人体不仅在运动过程中会增加能量消耗，而且在分解食物和存储能量的过程中也会消耗接近 10% 的日常能量总量（Tappy, 1996）。

　　通过对比人体处理碳水化合物、脂肪和蛋白质的方式，塔比（1996 年）指出，蛋白质对 TEF 的影响最显著，其次是碳水化合物，接着是脂肪。通过确定在新陈代谢过程中，初始代谢步骤中所使用的三磷酸腺苷（ATP）相对于食物完成分解所产生的 ATP 之间的比率，我们就可以得出不同营养物质的热效应（Tappy, 1996）。这里的营养物质指的是脂肪、碳水化合物或蛋白质等。注意：有些过度肥胖或者超重的个体会经历 TEF 下降的过程。TEF 下降可归咎于胰岛素抵抗，这种抵抗与人体无法有效分解葡萄糖和糖原生成能力有关。

　　为了保持热效应，最好每天多吃一些东西（Rosenbaum & Leibel, 2010）。事实上，运动专业人士必须担心的一点是客户会选择不吃饭，这种不明智的做法会导致客户营养不良和低血糖。此外，由此产生的情况可能会被大脑解读为一个风险，从而导致一系列的生理反应，以存储人体的脂肪储备。

活动能量消耗

活动能量消耗（Activity Energy Expenditure，AEE）是人体完成结构性运动和非锻炼性运动时所消耗的能量。非锻炼性运动例如购物、四处走动和做家务。AEE 存在明显的个体差别，因为很多人每天会走很多路，同时完成大量的日常运动，而有些人却习惯久坐不动的生活。

一个关于活动能量消耗的研究认为，非锻炼性运动可以减肥。在这项研究中，研究者提出了一个相对新的能量消耗组成概念：非锻炼性活动产热（NEAT）（一个产生热量的生理过程）（Levine et al., 2005），包括日常活动的能量消耗、非计划性的体力活动或个人日常生活运动。

可在臀部或大腿戴上类似于计步器的感应设备（例如，倾角罗盘、三轴加速度计）来计算 NEAT。这些设备可以以每分钟 120 次的采集频率在所有运动平面捕捉与人体姿势相关的数据。将这个数据与其他实验测量的能量消耗结合到一起计算 NEAT。

调查结果显示，NEAT 的改变伴随着能量平衡的改变，从而有效地促使体重减少（Levine et al., 2005）。莱文等人对 20 名没有进行结构性运动的健康志愿者进行了观察，志愿者都自称是"电视迷"。在 20 名志愿者中，5 名男性和 5 名女性的体重指数（BMI）为 23±2（研究者根据标准的 BMI 分类将之称为瘦志愿者），而另外 5 名男性和 5 名女性的 BMI 是 33±2（将他们分类为微胖志愿者）。每一名志愿者都戴着倾角罗盘和三轴加速度计，而研究者在为期 10 天的研究中每隔半秒收集一次数据。

研究者一直都在寻找 10 名瘦志愿者与10 名微胖志愿者之间存在差异的运动线索。研究结果指出，微胖志愿者每天比瘦志愿者坐着的时间长 164 分钟。瘦志愿者完成的全身活动明显更多，这些活动包括站立和行走。瘦志愿者所完成的这些额外的运动平均每天需要消耗 352±65 千卡，这相当于大约每年 36.5 磅（16.5 千克）。

这项创新的研究指出了一般的身体运动在人们日常生活中的重要性。因此，运动专业人士可以帮助客户通过结构性运动以及每天参与更多自主运动来提升自身的运动能量消耗。事实上，除了系统的运动计划，指导客户理解他们日常生活中一般运动带来的价值，非常有利于帮助客户实现体重管理目标。

能量正平衡

当人体吸收的能量比消耗的能量多时，就会出现能量正平衡。随着时间的流逝，能量正平衡会导致超重或肥胖。通常，人体主要以甘油三酯的形式存储 130 000 千卡脂肪。在霍尔等人（2012）看来，瘦削的成年人可能有 3.5 亿个脂肪细胞，而严重肥胖的个体可能有 14 亿个脂肪细胞。

能量正平衡（会导致体重增加）和能量负平衡（会导致体重减轻）都会影响 REE、TEF 和 AEE 的相互作用。目前，科学家得出这样的理论：每个人都有一个调节身体体重的设定值（Hall et al., 2012）。根据这个理论，身体具备一个组织严密的反馈控制系统（由大脑的下丘脑所调节）来调节食物摄入和能量输出，这是一个具备平等交换特点的系统。更确切地说，因为日常能量摄入（所吃的东西）和能量输出（运动和其他活动）的改变，霍尔等人注意到，人体会定期出现一个能量不平衡的状态。在这个状态中，人体会处于能量正平衡和能量负平衡之间。

与个人身体体重设定值密切相关的激素是瘦素，这是一种由脂肪组织分泌的蛋白质，这种蛋白质一般与人体脂肪的总数成正比。瘦素会通过负反馈环影响下丘脑来调节人体的能量摄入。在正常饮食条件下（例如，没有禁食），脂肪细胞会释放瘦素来响应增长甘油三酯存储，同时释放瘦素刺激下丘脑减小个人的胃口和饮食的动力。而禁食会引发脂肪组织减少产生瘦素，随后会降低血清瘦素的水平，从而刺激人产生饥饿感（Arch, 2005）。

研究人员在1994年发现瘦素时便假设肥胖者具备较低的瘦素水平，但是现在的研究显示，大多数肥胖者具备较高水平的血浆瘦素（Arch, 2005）。在体重稳定的肥胖儿童和成年人中，血浆瘦素循环与脂肪组织质量总数成正比并且比瘦削个体的比例高四倍以上（Gutin et al., 1999）。因此，现在看来，肥胖者可能存在瘦素抵抗，这类似于中度2型糖尿病肥胖者存在胰岛素抵抗。对瘦素在肥胖者的血脑屏障之间的传输减弱的观察支持了这一理论。瘦素水平的提高很可能反映出肥胖增加程度提高，就像吃完饭，胰岛素的提高反映了血糖增加。

短期或长期的运动并不会显著地影响瘦素。类似地，注射瘦素并不会实现快速减脂。肥胖者会产生大量的瘦素，但是对瘦素产生抵抗。生理上，瘦素水平反映了能量在脂肪组织中存储的总量，同时指导中枢神经系统调节能量平衡（Kelesidis et al., 2010）。

离心训练中的肌肉代谢

从代谢的角度来看，即使在休息状态，肌肉组织也一直是活动的（即燃烧能量），而脂肪组织不会进行代谢。因此，肌肉组织越多，人体静息能量消耗就越多，特别是对于年纪较大的人。随着人们年龄的增长，肌肉组织一般会在25岁之后开始以每10年3%～5%的比例减少（Elia, 1999）。人们可以通过阻力训练来减缓这个与年龄相关的衰

退速度。增加肌肉质量可以增加静息能量消耗，同时减少肥胖的可能性。

研究表明，未经训练和参加训练的个体在全身锻炼之后进行慢速离心训练可以有效地提升RMR（Hackney, Engels & Gretebeck, 2008）。哈克尼等人发现，全身性的慢速离心训练（例如，所有训练都采用1秒向心动作和3秒离心动作），可以提升大约8%的静息能量消耗，并且这种提升能维持72小时。REE的增加可能是由以下因素导致的。第一个因素是运动后过量氧耗（EPOC），以下几个在运动之后持续数小时的生理功能可以解释这个因素（Borsheim & Bahr, 2003; Mole, 1990）。

- 体温恢复。
- 被耗尽的糖原恢复。
- 细胞内外环境电解质浓度恢复。
- 骨骼和肌肉中的氧气再存储。
- ATP和磷酸肌酸再合成。
- 循环系统和通气过程恢复。
- 激素水平恢复。

哈克尼等人（2008年）也注意到，EPOC并没有全面解释他们研究所发现的问题：在完成慢速离心训练之后，REE提升持续了72小时。他们提出，以下要素也会导致REE提升：（1）与延迟性肌肉酸痛相关的恢复和修复细胞变化；（2）与蛋白质合成相关的整体肌纤维修复过程和能量消耗。更具体地来说，研究人员还提出了以下相关的机制。

- 恢复肌纤维免疫系统的炎症因子（例如，中性粒细胞、巨噬细胞、细胞因子类和前列腺素类）。
- 运动后蛋白质合成的能量消耗［在阻力运动之后，估计占20%的REE显著提升（MacDougall et al., 1995）］。
- 在运动后恢复时期，胰岛素反应升高与氨基酸的可利用性有关。

通过离心训练最大化新陈代谢

以下是一些通过离心训练最大化新陈代谢效果的指导方针。

- 每周至少完成一次离心训练。
- 促进新陈代谢的最佳方式之一是选择多关节主导的运动（例如，蹲起、弓步、仰卧推举、卧推、坐姿划船和背阔肌下拉）。
- 使用三种离心训练方法来训练：慢速离心训练法、超负荷离心训练法以及双起/单下离心训练法。
- 每个练习完成多组（2～3组）。

以下是一个结合促进新陈代谢和离心训练的例子。

案例分析：采用三种离心训练方法完成全身新陈代谢提升训练

1. 卧推：两组慢速离心训练（如图3.2a所示）。
2. 单腿前蹲：两组慢速离心训练。
3. 背阔肌下拉：两组超负荷离心训练。
4. 45度蹬腿练习：两组双起/单下离心训练（如图3.2b所示）。
5. 肩式推举：两组双起/单下离心训练。
6. 坐姿划船：两组超负荷离心训练。

图3.2 （a）使用慢速离心方法的卧推；（b）采用双起/单下离心训练法的蹲腿练习

小结

运动专业人士可以采用两种方法帮助客户提升新陈代谢。首先，非锻炼性活动产热（NEAT）研究指出，每天参与更多的自主运动可以获得显著的益处——每天只需要多走动就可以增加高达350千卡的能量消耗。

其次，NEAT研究还指出，慢速离心训练可以在运动后提升大约8%的静息能量消耗（REE），并且这种提升能维持72小时。这些研究方向为运动专业人士提供了有效的非锻炼性和锻炼性策略，有利于帮助客户提升新陈代谢。

第4章 减少肌肉酸痛的重复运动效应

所有类型的肌肉收缩都会导致延迟性肌肉酸痛（Delayed-Onset Muscle Soreness, DOMS）。在进行离心运动时，这种酸痛会特别明显。一般情况下，DOMS会导致肌肉酸痛和肿胀。这些症状在运动后8 ~ 10小时里变得特别明显，而在完成训练项目之后的24 ~ 48小时会达到酸痛峰值（Balnave & Thompson, 1993）。有些客户在描述DOMS时会表示，这种不舒服或压痛的感觉比彻底的疼痛更难以忍受（Proske & Allen, 2005）。

DOMS是一个多方面的生理现象。科学家提出了几个关于这种现象的理论。例如，结缔组织理论假设在肌节中存在非收缩性要素分解，例如，肌质网和肌肉蛋白质周围的结缔组织（McHugh, Connolly, Easton & Gleim, 1999）。麦克休等人同时还提出了有名的DOMS细胞理论，这个理论关注于离心收缩过程中肌节所遭受的拉伤。这种拉伤会影响某些肌节组成（特别是Z线和A带）。

新的理论指出，DOMS可能在某种程度上导致包含刺激收缩耦联机制在内的一连串事件。肌球蛋白横桥通过耦联机制附着到肌动蛋白上（Proske & Allen, 2005）。正如兰姆所阐释的（如图4.1所示），肌质网可以释放钙离子刺激动力冲程动作（例如，肌动蛋白滑动到肌球蛋白上）。离心收缩（相对于向心动作）会过度拉伸肌质网。在兰姆看来，过度拉伸肌质网会导致释放过多的钙离子。这种现象在向心肌肉收缩过程中并不常见。钙离子浓度提升会对肌节的电压校正传感器造成不利影响。电压校正传感器可以调节肌肉中的神经输入。这种串联现象便会导致DOMS。

即使关于DOMS成因的理论有很多，但是很多理论仍然需要更多的研究来加以验证。之前所探讨的现行理论指出，运动引起的DOMS是一个多因素导致的结果（如图4.2所示）。

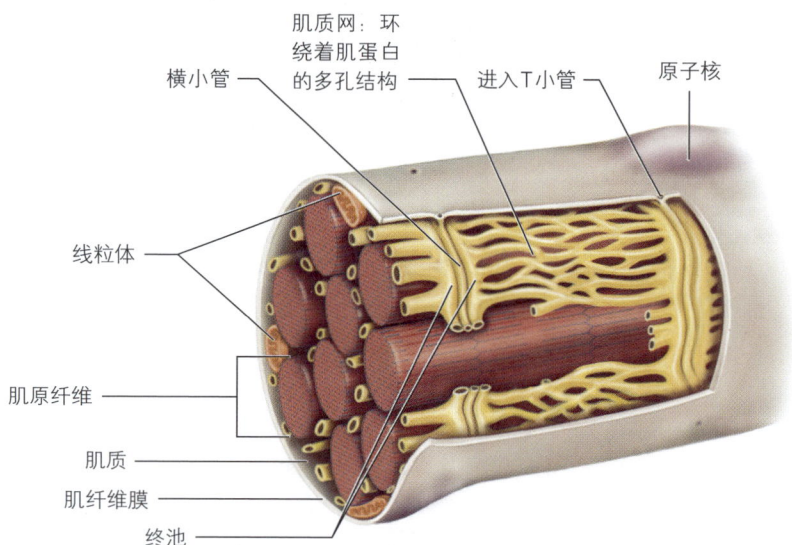

图4.1 兴奋耦联机制：肌肉蛋白质周围的肌质网；肌质网环绕着肌肉蛋白和钙离子；离心收缩可能导致过度拉伸，从而导致钙离子的大量释放；钙离子带有正极电荷，会影响肌肉中的电压校正传感器，从而导致DOMS

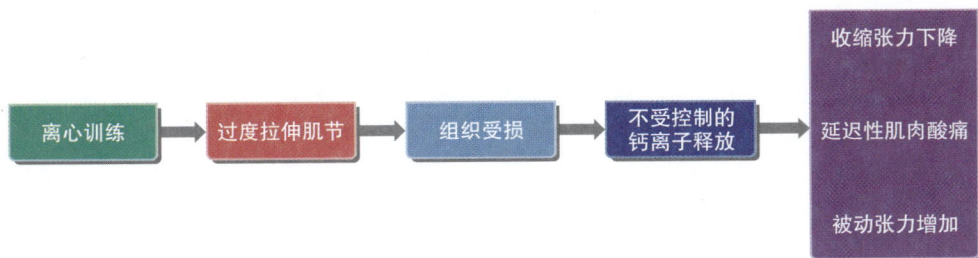

图 4.2　离心运动导致 DOMS 的机制

根据 Proske and Allen，2005.

离心训练的重复运动效应

重复运动效应（Repeated Bout Effect，RBE）是一个关于研究 DOMS 和离心运动的前沿领域。预防或减少与离心运动相关的 DOMS（或者快速恢复）的一种方法是，在计划的离心训练开始之前，大约每个星期（或者更长时间）采用一次较低强度的离心训练来刺激肌肉（Pettitt, Symons, Eisenman, Taylor & White, 2005），由此减少 DOMS 的效应被称为 RBE。

几个研究指出，完成一次（特定目标肌肉）较低强度的离心运动训练并在接下来几天中重复较高强度的离心训练可以减弱 DOMS。这就是 RBE。增加 RBE 的结果包括：在随后的较高强度离心训练中出现明显较低的 DOMS 水平，循环肌酸激酶水平下降（肌肉损伤的标记），恢复过程中动作范围扩大以及恢复过程中力量提升（Nosaka,

Sakamoto, Newton & Sacco, 2001; Pettitt et al., 2005; Balnave & Thompson, 1993）。

RBE 的机制目前还不清晰。但有关理论认为，这个机制涉及从神经输入到肌肉的适应，肌肉中结缔组织的重组，以及肌纤维的细胞适应（一个肌节的纵向增大）（如图 4.3 所示）（LaStayo et al., 2014; McHugh, 2003; McHugh et al., 1999）。

重复运动效应的实施

为了开始更具挑战性的离心训练课程，运动专业人士可以要求客户采用 RBE 方式。所有关于 RBE 策略的研究都采用了慢速离心训练法。因此，这里采用离心训练方法来引入 RBE。可以采用以下指导方针来实施 RBE。客户在开始挑战性的离心训练（采用三种离心训练方法的任意一种）之前必须先进行 RBE 训练。客户首先完成 1 ~ 2 组适

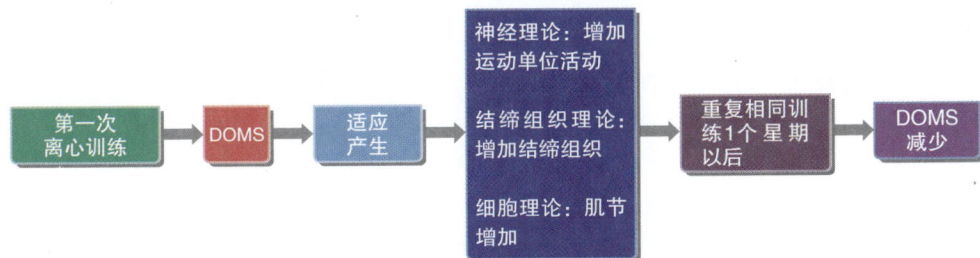

图 4.3　重复运动效应的机制

根据 McHugh et al., 1999.

应自身正常训练负荷的传统向心–离心训练法（CON–ECC）。RBE是每一组训练最后的内容。如果客户进行单组训练，那么可以将RBE作为第一组和最后一组训练。

需要注意的是，慢速离心训练法包含1秒向心动作和3～4秒离心动作。练习慢速离心RBE时，所选择的阻力强度必须是客户平时练习推举的特定负荷的50%～60%。客户必须清楚完成正常推举阶段的动作、停顿，接着在3～4秒将负重慢慢下放到开始位置。鼓励客户在下放负重过程中专注于肌肉收缩。RBE的引入为客户理解离心训练方法提供了良好的基础。

现在我们来看一个例子。假设一名私教向一名客户介绍RBE。这名客户目前可以以10RM完成三组训练。换言之，客户可以完成10次重复训练，但是在进行第11次重复训练时，会出现瞬间肌肉疲劳。客户可以在自身训练计划中完成以下6个练习：俯身杠铃划船、上斜卧推、坐姿哑铃侧平举、硬拉、杠铃前蹲和站姿肱三头肌伸展。

客户按照要求使用CON–ECC推举方式练习前面两组，采用正常10RM强度的训练。但是，客户在进行每个练习的第三组训练时可以只推举正常阻力的50%～60%，同时在下放动作中采用慢速离心训练法。假设客户在正常情况下可以完成三组（10RM强度）约45千克上斜卧推。为了在第三组训练中引入RBE，可以将负荷设置为45千克的60%，也就是27千克。

客户必须在1秒内完成上斜卧推的向上推举动作；这是一个向心收缩动作，肱三头肌和胸肌都处于收缩的缩起阶段。接着，客户必须在3～4秒下放负重；这是离心收缩或肌肉拉伸阶段的动作。客户必须按照这种方式完成每个重复训练：3～4秒下放动作（即慢速离心动作）之后是1秒收缩动作。客户必须持续训练直到完成10次重复动作。

现在，在要求客户完成最大强度的离心训练之前必须等一个星期。一周的时间可以让肌肉生成引起RBE的分子和产生神经适应性。客户在完成60%正常负荷的离心训练之后会体会到轻微的肌肉酸痛。向客户解释这种酸痛是肌肉对新刺激的正常反应。在一周之后，要求客户完成相同的训练。这次的训练必须采用客户进行RBE训练时所使用的100%负重的10RM（例如，1秒向心动作和3～4秒离心动作）。

在这个例子中，客户已经完成6个练习的3组训练。肌肉必须面对更多的离心负荷挑战，因此客户最好循序渐进地训练。客户在第一次使用100%负重10RM的离心训练技术时，最好只练习6个练习中1～2组训练。因为客户的身体需要一个星期的时间适应RBE，因此现在必须做好应对更高要求的离心训练负荷的准备；这样，客户就不会在训练后感到过于酸痛。从现在开始，我们不再需要重复RBE训练，而是直接在客户的训练计划中定期逐步增加离心训练（本书介绍了三种离心训练方法）。但是，如果客户在一段时期里没有积极地参与训练（例如，因为生病、休假或度假），那么从谨慎的角度看，还是必须通过RBE的方式引入离心训练。

重复运动效应的注意事项

客户肯定会向私教提问关于离心训练的问题。而且，客户一开始都是通过RBE训练了解到离心训练的。本书在此将分享一些关于介绍RBE的注意事项。

离心训练的重点在于动作的下放阶段。在下放过程中，肌肉会被拉伸但是仍然会抵抗阻力。所有的运动和每天的活动都需要肌肉的拉伸和收缩动作（Vogt & Hoppeler, 2014）。这些动作分别指动作的离心（拉伸）和向心（收缩）阶段。个体必须在这两个阶段增强自身肌肉力量以便有效参与运动和日常活动。

在体育运动中，离心阶段往往在运动技术中发挥制动作用。例如，在排球或篮球运动中跳起之后的下落动作。因此，离心训练可以增强肌肉的这种制动功能。研究指出，将离心训练整合到针对客户设计的课程中有利于提升关节力量、稳定性和灵活性（LaStayo et al., 2014）。在很多运动和体育活动中，这个潜在的结果对于损伤预防较有效。

大多数阻力训练课程在传统意义上只关注动作的收缩（向心）阶段。但是，因为伸展（离心）阶段对肌肉力量、肌肉大小、肌肉骨骼受伤之后的恢复（LaStayo et al., 2014）以及运动水平存在潜在的好处，伸展（离心）阶段也在最近引起了广泛的关注。

以下是几个注意事项。第一，即使RBE可以显著减少肌肉酸痛，但是仍然必须告诉客户在完成离心训练之后会经历24～48小时的轻微酸痛。此外，如果客户有骨关节炎或其他与关节相关的疾病，那么不建议向客户推荐练习离心训练。因为离心训练会向肌肉骨骼系统施加额外的压力。私教还经常会被咨询离心训练是否适合年龄较大的客户。整体来说是适合的。在拉斯塔约（LaStayo）等人看来（2014年），离心肌肉收缩可以满足年龄较大客户的康复需求，不仅可以提高他们的灵活性而且可以避免跌倒，从而增强他们在日常活动中的自信心。身患疾病且年龄较大的客户如果出现身体虚弱、疲劳和虚脱，那么我们可以在不引发传统的DOMS反应的情况下循序渐进地增加肌肉离心负荷。但是，有一些年龄较大的客户在日常生活中（因为之前的情况）会出现较低水平的肌肉力量、耐力或正经历关节疼痛。对于这些客户，私教必须采用负荷非常小且缓慢递进的离心训练。

理解肌肉恢复

运动专业人士必须与开始离心训练的客户探讨恢复的理念。训练后的恢复是整体训练课程中的重要组成部分；事实上，训练后的恢复对于提升运动表现至关重要。如果客户的恢复效率提高，那么客户可以采用较高的训练量和强度，而且不会造成过度训练（Bishop, Jones & Woods, 2008）。

理解恢复的生理过程对于设计优化训练课程非常重要，特别是使用离心训练的课程。大体上，恢复包括以下过程：① 生理功能正常化（例如血压、心动周期）；② 恢复体内平衡（例如静息细胞环境）；③ 恢复能量存储（血糖和肌糖原）；④ 补充细胞能量酶类（例如，磷酸果糖激酶，这是碳水化合物代谢的关键酶类）（Jeffreys, 2005）。肌肉恢复发生在运动过程中（主要是）和运动之后，而且以持续消除新陈代谢最终产物为特点。在运动过程中，恢复的目的是恢复肌肉血流，以保持氧气的供给，从而促进磷酸肌酸的再合成（以便重新合成ATP）、肌肉pH的恢复（酸碱平衡），以及肌肉膜电位的恢复（保持细胞内外钠和钾交换的平衡）（Weiss, 1991）。

为了让客户达到良好的运动水平，运动专业人士必须积极主动地将恢复计划作为训练课程的一部分。关于恢复策略并没有一致的看法，观察客户的运动水平有利于调整和设计训练计划的重要组成部分。基于多个方面的原因，恢复过程因人而异。例如，训练状况（受过训练或未经训练）；疲劳等级；个人处理身体、情绪和心理压力等因素的能力（Jeffreys, 2005）。此外，指导客户了解恢复的重要性（例如，睡眠的时长和质量）可以促使他们采用合适的恢复干预措施，从而提升训练效果。

小结

延迟性肌肉酸痛（DOMS）与身体疲劳度有关。不论健身水平如何，每个人都体验过这种酸痛。这种疼痛是肌肉对增加拉伸以及引入不熟悉体力活动的正常生理反应。DOMS的典型症状是力量减弱、疼痛、肌肉无力、僵硬和肿胀。力量的减小往往在运动结束之后的48小时达到顶峰，而全面的恢复经常需要几天的时间。

疼痛和不舒服会影响训练水平，因此私教和专项教练都非常重视DOMS预防和治疗。其中一个干预措施是重复运动效应（RBE），这是一个循序渐进地适应离心训练的方法。研究指出，在开始较高强度的离心训练之前花费至少一周的时间完成较低强度的离心适应训练，可以减少DOMS和训练引起的肌肉损伤。因此，应该鼓励运动专业人士采用这种方法指导客户开始离心训练。

运动课程设计的另一个组成部分是运动训练后的恢复。有策略的计划恢复期可以让运动员做好采用较高训练量和强度的准备，从而在运动中达到良好的水平。

第5章　发展力量的离心训练

力量型运动员往往注重提升个人最大力量（1RM）。1RM是一项反映力量增强和减弱的指标。具备较高1RM的运动员或锻炼者可以以次最大强度完成更多的训练量，从而潜在地提升肌肉次最大强度的做功能力。多恩等人（2002年）指出，在力量练习的离心阶段使用超负荷（例如，105%的1RM）可以显著地提升1RM。所有参与者的1RM都显著增加了（比1RM提升了5%）5～15磅（1磅≈0.454千克）。

离心负荷后力量增强的机理，包括肌肉神经刺激增强、肌肉中弹性能量存储提升以及整体肌肉增生。离心运动会产生肌肉神经刺激从而导致肌梭更大强度的牵拉。肌梭与收缩蛋白（肌动蛋白和肌球蛋白）平行，它是一种长度感受器，会对肌肉的拉伸幅度和肌肉拉伸的速度做出反应。提升肌梭牵拉会增加对运动神经的刺激（传输到肌肉上的神经），从而导致肌纤维向心收缩力提升（Deitz, Schmidtbleicher & Noth, 1979）。

多恩等人（2002年）还指出，超负荷离心训练是帮助运动员和客户突破训练瓶颈的重要工具，原因在于客户意识到他或她能够使用离心训练推举更重的重量。换言之，在肌肉收缩的离心阶段，下放越重的物体可以产生越强烈的神经信息，以增强向心肌肉动作。另外有关超负荷离心训练提升向心1RM表现的理论认为，肌肉会像橡皮筋一样做出反应。多恩等人解释道，动态的离心力量会使肌纤维和肌腱中弹性能量存储增加。这样，向心动作会具备更强的产生力的能力。

研究人员通过分析得到了更多关于离心训练提升力量的证据。这些证据指出，高于向心训练强度的离心运动可以更大幅度地提升向心力量（Roig et al., 2009）。另外，离心力量比向心力量提升得更明显。此外，高强度离心训练可以更加有效地提升肌肉质量（以肌肉围度测量）和增加肌肉横截面面积（以磁共振成像或者计算机断层扫描方式测量）。罗伊格等人认为，在离心收缩过程中，采用较高训练负荷的离心训练的优点在于直接对肌肉产生更强的神经刺激。

除了神经反应，研究还指出离心训练可以提升II型（快速）肌纤维活动。荷兰的研究人员发现，在完成了一次高强度离心训练之后，特定肌肉的II型肌纤维中的卫星细胞会增加，但是I型肌纤维不会受到影响（Cermak et al., 2013）。卫星细胞的增加意味着，较大的II型肌纤维在离心训练中会对较高强度的训练做出更多的反应。

训练方案设计

任何训练方案在训练之前都必须具备以下两个要素。

1. 全身性热身运动：完成5～10分钟的一般有氧运动（例如，骑自行车、划船、走路、跑步、使用椭圆机训练或者其他多关节运动）。

2. 针对力量训练的特定热身运动：运动员必须完成1～3组传统热身动作（即向心收缩＋离心收缩）。同时，运动中所使用的杠铃的重量必须是运动员正常推举杠铃重量的50%～75%。运动的目的主要是激活关节部位，其中包括肌腱、韧带、滑液，以及关节周围所有的肌肉和筋膜。

　　为了提升力量，建议将三种离心训练方法组合到CON-ECC中。但是，必须先通过向心－离心训练打下力量基础。之后，运动员可以通过一个中周期（2～6个星期）来引入离心训练。很多力量训练计划增加了运动员蹲起和卧推训练，同时还包含了使用慢速离心训练法的中周期。

　　提升力量的运动设计要求客户完成2～6组练习，每个动作完成1～6次。美国国家体能协会（2008年）的指导方针是，运动员完成强度为85%1RM的训练，同时在每组训练之间有2～5分钟的休息时间。

训练方法应用

　　以下是一些关于优化阻力训练的说明。

- 向心－离心训练法（CON-ECC）：1～2秒向心运动以及1～2秒离心运动。
- 慢速离心训练法（EE）：1秒向心运动，3～4秒离心运动。
- 超负荷离心训练法（SUP）：105%～125%最大重复次数（1～10RM）。
- 双起/单下离心训练法（2UP/1DN）：根据私教的要求，以40%～50%最大重复次数（1～10RM）进行双侧交替或单侧训练。

　　鼓励教练根据客户的需求和目的变换训练方法。记住，变换练习可以为教练提供更多的选择。本章稍后探讨的内容包括6种针对上半身和6种针对下半身的练习，同时还展示了每种练习的开始姿势和结束姿势。

训练注意事项

　　阻力训练的原则是重复每组练习至自主疲劳。自主疲劳"关键点"指的是运动员无法以正确的姿势完成下一个重复。有关重复至自主疲劳有益于提升肌肉力量的研究非常少。因此，建议采用一些可以达到自主疲劳的组数，同时在达到关键点之前稍稍终止其他的训练。

　　下面是有关离心训练的一些安全性建议。

1. 在推举杠铃时不要锁住关节，这样可以减少关节的压力和减小受伤的风险。
2. 有控制地举起和下放杠铃。
3. 在练习较重负荷时，需要有保护人。
4. 发力过程中要一直保持正确的姿势和身体成直线姿势，以便保护脊柱。
5. 发力过程中不要屏住呼吸。
6. 在自由杠铃杠杆上使用合适重量的杠铃片。

小结

　　运动员只有坚持完成训练课程才能够达到力量训练的最佳效果。因此，激励和鼓励策略（例如，写下目标）是成功完成力量训练课程不可或缺的组成部分。

　　此外，当力量训练的负荷过重时，私教和运动员应该时刻关注运动员骨骼肌肉系统的反应。特别地，在推举较重的杠铃时，运动员必须放松关节（特别是膝关节和肘关节）。运动员还必须在个人的最佳活动范围内完成每个训练，因为有些人存在某些关节的活动受限。需要强调的是，设计负重力量训练计划时必须考虑到损伤预防，当运动员想达到最佳训练效果时更应如此。

　　接下来将介绍力量训练动作、训练课安排以及变换练习。

力量训练动作

　　肌肉力量训练的一个重要因素是呼吸技术。一般情况下，运动员朝重力的相反方向推或拉杠铃都采用呼气的方式（例如，在练习向心运动过程中），而在将杠铃还原到开始位置时则采用吸气的方式（例如，在离心运动过程中）。在进行向心－离心训练时，推荐使用这种呼吸技术。

　　但是，运动员在练习离心动作时，需要较长的时间才能完成。这时可以充分利用这个长吸气。教练可以要求客户完成两次或三次放松的呼吸（吸气、呼气，接着重复），同时计算呼吸的时间，这样他们在动作的向心阶段就可以呼气了。这个呼吸技术可以让运动员在完成离心动作时保持舒服的节奏。

　　表5.1列出了力量训练动作，下文将详细介绍这些动作。通过了解这些练习，客户可以掌握良好的呼吸技术和必要的技巧。

表5.1　力量训练动作

上半身	下半身
卧推	杠铃后蹲
过头上举	标准硬拉
俯身杠铃划船	靠背蹬腿
宽握背阔肌下拉	腿部伸展
杠铃屈臂	俯卧腘绳肌弯曲
仰卧肱三头肌伸展	站姿提踵I

卧 推

（CON-ECC、EE或SUP）

开始姿势

1. 平躺在长凳上，双脚完全接触地面。
2. 双手抓住头顶上方的杠铃；双手分开，间距稍稍宽于肩宽。
3. 推举杠铃架上的杠铃并放到胸部上方。

开始姿势见图5.1a。

图5.1a 卧推的开始姿势

教练建议

- 在客户练习卧推时站在客户身后。
- 如果杠铃很重，可以协助客户推起避免其肩膀受伤。
- 必须始终接触杠铃，并从开始到结束都跟随客户的运动路径。
- 为了减小客户肩膀受伤的风险，可以在结束时帮助客户将杠铃放还至杠铃架上。

练习动作

1. 下放杠铃直到杠铃接触胸部的中下部。
2. 推起杠铃，收缩胸大肌，直到双臂伸直。

结束姿势见图5.1b。

图5.1b 卧推的结束姿势

运动表现提升技巧

- 保持姿势稳定，避免在最低处弹起杠铃。
- 保持前臂位于杠铃下方并与地面垂直。
- 将双手间距调窄，这些细微的调整可以改变对肌肉的刺激。

过头上举

（CON-ECC或EE）

开始姿势

1. 过头上举练习一般从齐胸高的深蹲架上拿杆开始。
2. 正握（手掌朝前）抓住杠铃；接着双手分开，间距稍稍宽于肩宽。
3. 双膝微屈，使杠铃位于锁骨位置。
4. 取下杠铃，保持杠铃贴近胸部。
5. 后退一步，分开双脚，保持与肩同宽。

开始姿势见图5.2a。

图5.2a　过头上举的开始姿势

教练建议

- 站在客户前面和侧面观察客户，以确保客户以正确的姿势完成每次重复，同时避免客户身体两侧发力不均匀。
- 确保客户背部和核心保持收紧（腰部不要过度前屈）。
- 在使用离心训练技术时，在向心动作中完成一个挺举往往是很有用的。这有利于客户将杠铃推举到头上。

练习动作

1. 从开始姿势伸直双臂并将杠铃推举过头部。确保在将杠铃推举过头部之前，头部稍稍往后移。

2. 在将杠铃推举过头部之后，头部可以回到中间位置。

3. 控制杠铃慢慢下放到锁骨的位置。

结束姿势见图5.2b。

图5.2b 过头上举的结束姿势

运动表现提升技巧

● 推举时，头部要避开杠铃，稍向上仰，以便确保头部在杠铃杆路径之外的安全位置。

● 在整个训练过程中，必须始终选择自己可以控制的重量。

开始姿势

1. 俯身正握（手掌朝下）握住杠铃，双膝微屈。躯干前屈直至背部接近与地面平行。确保激活腰部的所有核心肌肉来保持身体稳定。

2. 杠铃悬于身体前方，保持双臂与地面和躯干垂直。

开始姿势见图5.3a。

图5.3a 俯身杠铃划船的开始姿势

教练建议

- 站在客户前面和侧面观察客户，以便确保客户以正确姿势完成每次重复。
- 确保客户背部和核心肌肉保持收紧，不要弓背。
- 可以尝试要求客户改变握杆的方式。可以采用双手间距较宽、较窄，或者正握或反握的方式。这些姿势变化会稍微改变对肌肉的刺激。

练习动作

1. 躯干保持不动，将杠铃拉至胸骨下方的腹部位置。保持手肘贴近躯干。注意使用前臂和双手控制杠铃。

2. 在杠铃位于最高位置时，收缩背部肌肉。练习这个动作的重点就是锻炼背部肌肉。

3. 杠铃到达最高位置后，将杠铃慢慢下放到开始位置。

结束姿势见图 5.3b。

图 5.3b　俯身杠铃划船的结束姿势

运动表现提升技巧

- 这个练习要求较强的核心力量，背部有问题的客户最好选择坐姿划船动作。
- 与其他练习一样，以正确的姿势训练，不要朝前弓背，这会导致受伤。
- 刚接触这个练习时，必须选择较轻的杠铃，并将训练重点放在肌肉收缩方面。

宽握背阔肌下拉

（CON-ECC、EE 或 SUP）

开始姿势

1. 坐在滑轮宽杆下拉机坐垫上。根据自身高度，将机架上的膝垫调整到适当位置；膝垫可以阻止杠铃的阻力将身体提起。

2. 手掌向前抓住杆。在这个宽握练习中，双手分开，间距必须宽于肩宽。

3. 躯干往后倾斜30度，稍稍弯曲腰部。和卧推练习一样，这个姿势必须做到背部自然弯曲——不可以过度伸展。

开始姿势见图5.4a。

图5.4a 宽握背阔肌下拉的开始姿势

教练建议

- 在开始时，教练可以将一只手放在客户身后，距客户背部有一定距离。客户的躯干必须向后倾斜，直到客户感觉到教练的手。这种接触可以让客户正确地定位开始动作。

- 教练将手放在客户后背的中上方，同时确保客户按照之前的动作使用后背肌肉发力。

- 鼓励客户在每次将杆拉至底部时充分收缩肌肉同时在杆回升至顶部时充分伸展肌肉。可以从较轻的负荷开始，逐渐增加重量，以使客户在负荷较重时仍然可以保持动作技术。

- 随着负荷的增加，教练站在客户身后可以指导客户将杠铃下拉到胸部，同时帮助客户安全地将宽杆推回开始位置。

练习动作

1. 下拉杆至上胸部。为了完成这个动作，必须挤压两侧肩胛骨至相互靠近，同时双臂往下拉。

2. 在完全收缩的姿势中，重点是锻炼背部肌肉。上半身必须保持静止姿势，只有双臂可以移动。

3. 动作提醒：这里可以将双臂看作肩带或挂钩，使用背部和肩部的肌肉发力下拉。

4. 在杆触碰胸部以及背部肌肉收缩时，可以慢慢将杆上推到开始位置。确保双臂完全伸展，并在推杆至顶部时拉伸背阔肌。

结束姿势见图5.4b。

图5.4b　宽握背阔肌下拉的结束姿势

运动表现提升技巧

● 始终保持躯干挺直，同时避免身体晃荡。

● 以背部肌肉发力为主，而非以前臂或肱二头肌发力为主，来完成下拉。

● 在练习较重负荷训练时，可以考虑使用钩握法。这种握法有助于在充分刺激背部肌肉的训练过程中，双手紧握杆。

杠铃屈臂

（CON-ECC、EE或SUP）

开始姿势

1. 站立并保持躯干挺直，双手抓住杠铃并保持与肩同宽的间距。
2. 双手手掌朝前，同时肘关节贴近身体两侧。

开始姿势见图5.5a。

图5.5a　杠铃屈臂的开始姿势

教练建议

- 从一侧观察客户完成屈臂训练，确保客户的手肘在整个动作过程中一直放在正确的位置。
- 确保客户使用合适重量的杠铃，以保证技术的正确性，尤其是防止下背部拱起。
- 随着杠铃越来越重，教练可以站在客户的前面指导他们完成每次练习。这样可以显著地减少出现练习过程中客户的动作变形。
- 可以让客户尝试不同的双手间距（例如，宽、窄、标准间距）或者抓握方式（正握或反握）来变换训练。抓握方式和双手间距的改变可以刺激前臂不同的肌肉。

练习动作

1. 在收缩肱二头肌时，保持上臂静止不动并将杠铃朝前弯举。所有的动作都必须以肘关节为轴。在练习过程中，肘关节必须与肩关节和髋关节一直保持在一条直线上。

2. 屈肘将杠铃往上举，直至肱二头肌完全收缩且杠铃与肩膀保持平行。

3. 慢慢将杠铃下放到开始位置。

结束姿势见图 5.5b。

图 5.5b　杠铃屈臂的结束姿势

运动表现提升技巧

- 保持双膝稍微弯曲，同时在动作过程中脊柱保持中正姿势。中正姿势时脊柱呈自然弧度，中正姿势也是最无压力的姿势。
- 手肘必须始终保持固定的位置，并与肩和髋保持在一条直线上。
- 选择不会导致身体晃动或不会让你偷懒，同时可以使你做出正确姿势的重量。

仰卧肱三头肌伸展

（CON-ECC或EE）

开始姿势

1. 平躺在长凳上，直接握住蛇形杠铃（即杠铃杆弯曲的杠铃）。
2. 双臂完全伸展并与躯干和地面成90度。手掌必须朝上，双臂保持相互平行。

开始姿势见图5.6a。

图5.6a　仰卧肱三头肌伸展的开始姿势

教练建议

- 在客户将杠铃下放时，教练必须站在客户头部前方。教练将双手轻轻放在杠铃上，以便帮助客户沿着正确的路径下放杠铃。
- 指导客户要保持上臂肩关节静止不动，而只运动肘关节。
- 随着客户逐渐疲劳，可以让客户躺在长凳上，同时双臂在胸部上方伸展。将杠铃放到客户的手中并做好练习的准备。

练习动作

1. 吸气时，可以慢慢下放杠铃直到头部上方。在整个动作过程中，必须保持上臂和手肘位置不变。

2. 仍然保持上臂和手肘位置不变，使用肱三头肌将杠铃推举到开始位置。

结束姿势见图5.6b。

图5.6b 仰卧肱三头肌伸展的结束姿势

运动表现提升技巧

- 在将杠铃下放到头部上方时必须挺直躯干，将腹部和腰部肌肉向脊柱方向收紧。
- 保持核心部位肌肉收紧，伸臂时呼气。
- 避免将杠铃放在前额位置。这个动作会增加受伤的风险，同时增加肘关节的压力。
- 使用闭式握杆法，避免双手在杠铃上打滑，降低受伤风险。

杠铃后蹲

（CON-ECC、EE或SUP）

开始姿势

1. 使用深蹲架上的杠铃开始训练。将杠铃放在肩上方，杠铃必须位于斜方肌上方，正好放在肩胛骨的位置。

2. 直立，杠铃位于肩上方，双脚分开，小于髋关节的间距，或者大于髋关节的间距，同时髋关节稍稍往外旋（20 ~ 30度）。

3. 将重心置于双脚间。

开始姿势见图5.7a。

图5.7a　杠铃后蹲的开始姿势

教练建议

- 指导客户在没有深蹲架的情况下采用正确的开始姿势训练。
- 教练站在客户身后做好观察客户蹲起的准备。
- 双手放在客户的胸腔下方同时做好帮助客户完成安全蹲起训练的准备。
- 在训练过程中，跟客户一起蹲下和蹲起。
- 帮助客户选择适合自身力量水平的负荷。客户必须能够独立完成动作；教练必须严格避免训练受伤事件发生。

练习动作

1. 屈膝至90度或达到自身最大动作范围。在下蹲过程中，后腰必须保持自然弧度；避免躯干过度伸展或前倾。在蹲至底部时，必须感觉到腘绳肌的轻微牵拉。

2. 蹲至最低处时，使用臀大肌、腘绳肌和股四头肌回到动作的开始位置。

3. 在运动过程中，脚后跟必须保持与地面接触，这样可以将重心置于脚踝。

结束姿势见图5.7b。

图5.7b 杠铃后蹲的结束姿势

运动表现提升技巧

- 在整个蹲起过程中，脚后跟必须保持与地面接触。
- 保持膝盖与脚踝对齐。
- 头部和颈部保持自然姿势。
- 收紧核心肌肉！

标准硬拉

（CON-ECC、EE或SUP）

开始姿势

1. 站在杠铃前方，双脚分开，与肩同宽。

2. 尽可能保持背部稳定，弯曲膝关节，身体向前弯曲，抓住杠铃。双手间距与肩同宽，正手握杆。如果很难抓牢杠铃杆，可以改变抓握方法（一手正握一手反握）或者使用腕带。

开始姿势见图5.8a。

图5.8a 标准硬拉的开始姿势

教练建议

- 观察客户以便确保客户在上拉的过程中保持正确的姿势。
- 密切关注客户上拉杠铃到达最高处时的姿势，避免出现腰部伸展过度。
- 鼓励客户在增加负荷之前先根据自身体能水平和技术练习较轻的杠铃。

练习动作

1. 用下肢发力，躯干保持挺直姿势，挺胸、收背，肩胛骨后缩。

2. 屈膝，躯干朝手腕方向前倾，挺直背部，回到开始姿势。当杠铃上的杆铃片触碰地面时，运动员恢复开始姿势，接着准备进行下一次练习。

结束姿势见图5.8b。

图5.8b　标准硬拉的结束姿势

运动表现提升技巧

- 这不是一个很容易完成的训练。如果运动员背部有问题，可以用划船动作替代这一动作。

- 即使运动员拥有强壮的背部，也必须保持正确的姿势且不要弓背，否则会导致背部损伤。同时注意所使用的杠铃重量，如果不确定，可以使用较轻的而非较重的杠铃。

靠背蹬腿

（2UP/1DN、CON-ECC、EE或SUP）

开始姿势

1. 调整器械的背垫以便能够最大范围地活动且舒适。根据腿的长度和灵活性来调整器械位置。

2. 坐好后，将腰和肩紧靠在背垫上。腰部保持自然弯曲，颈部保持放松。

3. 双脚放在脚踏板上并调整到恰当的高度。根据个人的身体结构设置脚踏板的高度。如果脚的位置恰当，那么在每次练习中胫骨与股骨可以成90度（或者更大角度）。

4. 双脚的间距可以等于、小于或者大于肩宽。脚的位置会稍微影响股四头肌和其他主动肌的负荷。可以根据训练目的调整双脚的位置。

开始姿势见图5.9a。

图5.9a　靠背蹬腿的开始姿势

教练建议

- 查看客户的身体对齐情况。
- 当客户准备开始训练时，教练要保持单跪姿势。这样，教练可以使用一只手确保客户保持恰当的身体姿势，而另一只手放在脚踏板上。
- 当客户感到吃力和负荷过重时，教练必须站起来用双手帮忙固定脚踏板。同时，要与客户保持眼神交流。

练习动作

1. 屈膝、屈髋直到大腿与小腿成90度或达到个人动作极限。在整个运动过程中，腰和肩必须保持靠在背垫上，脚后跟必须始终接触脚踏板，腘绳肌肌腱必须有牵拉的感觉。

2. 在动作的底部，使用腘绳肌、臀大肌和股四头肌将脚踏板推回开始位置。

结束姿势见图5.9b。

图5.9b 靠背蹬腿的结束姿势

运动表现提升技巧

- 头部和颈部保持在中立位置。
- 保持膝盖与脚踝对齐。
- 在每个练习中都保持脚后跟与脚踏板接触。
- 肩和腰始终靠在背垫上。后背保持自然弯曲，避免躯干过度伸展！

5.10

腿部伸展

（2UP/1DN、CON-ECC、EE或SUP）

开始姿势

1. 坐在器械上，双脚放在脚垫下方，双手抓住侧杆。
2. 确保膝关节成90度。
开始姿势见图5.10a。

图5.10a 腿部伸展的开始姿势

教练建议

- 在开始训练之前，确保客户正确地放置双脚。
- 确保背垫调整到可以完全支撑客户背部的位置。
- 监督动作是否正确。指导客户避免过度伸膝，或在动作的下放阶段突然下放重量。
- 可以让客户改变脚的姿势（例如外旋、内旋、标准）进行练习。

练习动作

1. 使用股四头肌完全伸展双腿。双膝必须保持微屈，避免锁死膝关节或过度伸展膝关节。

2. 慢慢下放双腿到开始姿势，保持肌肉的持续张力，避免配重片摔砸在器械上。

结束姿势见图5.10b。

图5.10b 腿部伸展的结束姿势

运动表现提升技巧

- 开始时使用较轻的配重片。
- 这是一个身体局部动作；因此，在整个运动过程中，重点在于收缩肌肉，而不是追求更重的负荷。
- 不要过度伸展膝关节或锁定膝关节。

俯卧腘绳肌弯曲

（2UP/1DN、CON-ECC或EE）

开始姿势

1. 将器械调整到适合的高度，俯卧躺在屈腿训练机上，脚垫置于脚踝的上方。
2. 腹部平贴长凳，双腿完全伸展，双手抓住手柄。踝关节背屈以便增加腘绳肌的牵拉。开始姿势见图5.11a。

图5.11a　俯卧腘绳肌弯曲的开始姿势

教练建议

- 在客户开始训练之前，确保脚垫在脚踝的恰当位置。
- 监督客户，确保客户正确地完成动作：在动作的顶部完全收缩腘绳肌，而在动作的底部完全拉伸腘绳肌。

练习动作

1. 收缩腘绳肌，双腿弯曲至最大限度。大腿和腹部必须始终贴着垫子。
2. 伸展腘绳肌，双腿伸展到开始姿势。

结束姿势见图5.11b。

图5.11b　俯卧腘绳肌弯曲的结束姿势

运动表现提升技巧

- 背屈脚踝以增加腘绳肌的收缩。
- 在不晃动身体或不利用腰部力量的情况下，练习只使用腘绳肌发力即可完成动作的负荷。

站姿提踵 I

（2UP/1DN、CON-ECC、EE或SUP）

开始姿势

1. 根据客户的身高，调整小腿提踵机靠垫的位置。
2. 双肩位于靠垫的下方，脚尖朝前，前脚掌置于脚踏板顶部，保持跟腱伸展。
开始姿势见图5.12a。

图5.12a　站姿提踵I的开始姿势

教练建议

- 因为这个训练可能会损伤腰部，因此必须确保客户在整个运动过程中保持躯干伸直，同时保持膝关节弯曲。
- 如果客户有腰部问题，那么最好选择坐姿提踵或坐式小腿拉伸。
- 确保客户正确地完成整个动作。如果负荷过重，动作幅度往往会变小，从而无法很好地锻炼到目标肌肉。

练习动作

1. 双肩紧贴靠垫，收缩小腿肌肉至用脚趾支撑身体。双膝必须稍微弯曲且不可锁定膝关节。
2. 在提踵的过程中，尽可能伸展脚踝。始终保持躯干和膝关节不动。所有动作都只用脚踝完成。
3. 慢慢下放到开始位置，在动作的底部完成小腿肌肉的充分牵拉。

结束姿势见图5.12b。

图5.12b　站姿提踵I的结束姿势

运动表现提升技巧

- 在训练过程中，避免弓背和锁定膝关节。为了避免出现这些问题，可以选择恰当的负荷。
- 每次练习都充分收缩和充分牵拉肌肉。
- 脚尖朝内旋转以更好地训练小腿三头肌的外侧头，脚尖朝外旋转以更好地训练小腿三头肌的内侧头。

上半身和下半身的力量训练课安排

这些力量训练课的设计目的在于完成完整的上半身和下半身力量训练。运动员在完成每一次训练之后必须休息48 ~ 72小时。因此，最好在星期一和星期三进行上半身训练，而在星期二和星期四进行下半身训练。如果运动员需要更长的训练间隔时间，那么可以在星期一和星期四进行上半身训练，而在星期二和星期五进行下半身训练。

案例研究：客户特征和目标

迈克尔是一名30岁的公务员，每天伏案工作8小时。他身高约188厘米，体重约81.6千克。他喜欢参加大学的体育活动：橄榄球、篮球和棒球。他在参加工作之后仍然积极地参与运动，每个星期会进行2 ~ 3次业余性阻力训练。迈克尔的目标是提升自己的全身力量。他每周有两天的时间接受私教的指导。迈克尔没有任何身体损伤或身体限制。他已经完成了采用传统CON-ECC的小周期基本阻力训练课程。迈克尔的教练已经对他进行了一些主要肌群的1RM测试，以便更好地了解迈克尔的整体身体力量，同时确定其存在的薄弱部位。表5.2为以离心训练为主的为期三周（中周期）的力量训练计划。

表5.2　以离心训练为主的为期三周（中周期）的力量训练计划

时间	练习	组数	重复次数或持续时间	技术
星期一	卧推	4 ~ 5	2 ~ 3	SUP（由保护人协助）
	过头上举	4 ~ 5	3 ~ 6	EE
	仰卧肱三头肌伸展	4 ~ 5	5 ~ 6	EE
	徒手仰卧起坐	4 ~ 5	15 ~ 20	CON-EE
星期二	杠铃后蹲	4 ~ 6	1 ~ 3	SUP（由保护人协助）
	靠背蹬腿	4 ~ 6	5 ~ 6	EE
	标准硬拉	4 ~ 5	3 ~ 5	EE
	坐姿腘绳肌弯曲	4 ~ 6	5 ~ 6	2UP/1DN
星期三	宽握背阔肌下拉	4 ~ 6	5 ~ 6	EE
	俯身杠铃划船	4 ~ 6	5 ~ 6	EE
	杠铃屈臂	3 ~ 5	2 ~ 3	SUP（由保护人协助）
	平板支撑	4 ~ 6	30 ~ 60秒	
星期四	杠铃前蹲	4 ~ 6	3 ~ 6	EE
	行进弓步	4 ~ 6	5 ~ 6每侧	EE
	腿部伸展	4 ~ 6	5 ~ 6每侧	2UP/1DN
	站姿提踵I	4 ~ 6	5 ~ 6每侧	2UP/1DN
	仰卧举腿	4 ~ 5	6 ~ 10每侧	EE
星期五	休息			
星期六	史密斯机上斜卧推	4 ~ 6	4 ~ 6	2UP/1DN
	坐姿肩上推举	4 ~ 6	4 ~ 6	2UP/1DN
	引体向上（徒手或负重）	4 ~ 6	5 ~ 6	EE
	肱三头肌绳索下压	4 ~ 6	5 ~ 6	EE
	哑铃锤式弯举	4 ~ 6	5 ~ 6	EE
星期天	休息			

为了提升力量，建议循序渐进地采用强度较大的三种离心训练法。虽然这些技术会产生有益的负荷刺激，但是过重的额外负荷会导致过度刺激，从而让客户出现不恰当的肌肉酸痛前兆或过度训练综合征。必须在高强度训练课间安排充分的恢复时间。在力量超负荷中周期，监测一些基本的疲劳信号是非常有用的。疲劳会表现为体力或精力的下降。力量训练的一种方法是采用三种离心训练方法进行为期2 ~ 4周的训练，接着完成为期1 ~ 2周的传统CON–ECC。

在开始主要的训练之前，可以先了解一系列可以作为变换选项添加到客户日常训练中的练习。同时，这些练习也可以满足客户多方面需求和目标，包括健身水平的适应、骨骼肌方面的考虑以及动作能力的提升。变换练习可以对肌肉形成不同的刺激，这对于帮助一些客户提升骨骼肌适应性或帮助他们突破训练瓶颈是很有必要的。这些训练还提高了阻力训练的灵活性和创新性。可以定期改变有效的日常训练和阻力训练课程，以便适应客户的健身状态。表5.3为训练动作对应的变换练习。

表5.3　训练动作对应的变换练习

训练部位	训练动作	变换练习
上半身力量训练	卧推	上斜卧推；哑铃卧推
	过头上举	坐姿肩上推举；哑铃肩部推举
	俯身杠铃划船	单臂哑铃划船；坐姿绳索划船
	宽握背阔肌下拉	窄握滑轮下拉；引体向上
	杠铃屈臂	哑铃肱二头肌弯举；锤式弯举
	仰卧肱三头肌伸展	器械肱三头肌伸展；肱三头肌绳索下压
下半身力量训练	杠铃后蹲	杠铃前蹲；过顶杠铃深蹲；史密斯机深蹲
	标准硬拉	罗马尼亚硬拉；哑铃硬拉
	靠背蹬腿	行进弓步；单腿
	腿部伸展	单腿推
	俯卧腘绳肌弯曲	坐姿腘绳肌弯曲；单腿腘绳肌弯曲
	站姿提踵I	坐姿提踵；单腿提踵

计划A

① 卧推

② 过头上举

③ 俯身杠铃划船

④ 宽握背阔肌下拉

⑤ 杠铃屈臂

⑥ 仰卧肱三头肌伸展

计划B

① 宽握背阔肌下拉

② 俯身杠铃划船

③ 卧推

④ 过头上举

⑤ 仰卧肱三头肌伸展

⑥ 杠铃屈臂

下半身力量训练

计划A

① 杠铃后蹲

② 标准硬拉

③ 靠背蹬腿

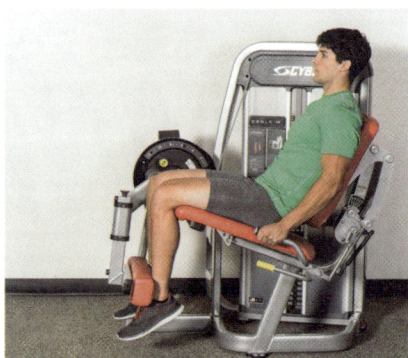

④ 腿部伸展

⑤ 俯卧腘绳肌弯曲

⑥ 站姿提踵Ⅰ

下半身力量训练

计划B

① 俯卧腘绳肌弯曲

② 腿部伸展

③ 杠铃后蹲

④ 靠背蹬腿

⑤ 标准硬拉

⑥ 站姿提踵Ⅰ

第6章　发展耐力的离心训练

离心训练对提升耐力的作用十分重要。具备坚实的耐力基础是获得良好运动表现必不可少的要素。此外，耐力训练目前特别流行，很可能成为训练的新兴潮流。

多个研究指出，离心训练可以直接提升个人持续进行耐力活动的能力。在2001年，霍斯特曼等人发现与离心运动相关的代谢应激（例如，氢离子和CO_2的积累）比传统向心运动相关的代谢应激要低得多。这些减少的代谢应激可以让个体完成更大强度的训练，也就是说，可以使用更重的负荷进行更长时间的训练。

德雷克塞尔等人的发现进一步指出，下坡走（这里涉及多次的离心收缩）比上坡走（需要向心收缩）要轻松些。下坡走是一种力量要求较低的活动，对于久坐或身体较弱但想健身的个体来说是一个独特的运动选择。

离心训练还可以减少低密度脂蛋白胆固醇（"坏"胆固醇），同时提高葡萄糖耐受性（肌纤维吸收葡萄糖的能力）（Zeppetzauer et al., 2013）。此外，这些临床的健康功效还与预防心脏病和糖尿病相关。

对于运动员来说，离心训练现在常常被作为耐力跑的组成部分。例如，运动员因为受伤或时间限制无法进行大量的跑步训练，那么他可以利用离心训练提升个人的运动能力。离心收缩不仅可以增强正在工作的肌肉力量，同时可以提升肌肉抵抗相似或更强负荷造成潜在损伤的能力（McHugh, 2003; Pettitt, Symons, Eisenman, Taylor & White, 2005）。第4章阐述了重复运动效应的实际作用。通过定期的离心训练，身体可以养成一种在进行难度较高的运动之后更好地适应延迟性肌肉酸痛的能力。肌肉抵抗潜在性损伤的能力对于耐力运动员来说是非常重要的。

训练方案设计

在开始日常训练之前，任何训练方案都必须具备以下两个要素。

1. 全身性热身运动：运动员必须完成5～10分钟的一般有氧运动（例如，骑自行车、划船、走路、跑步、使用椭圆机训练或其他多关节运动）。

2. 针对耐力训练的特定热身运动：运动员必须完成1～2组传统的热身训练动作（即离心运动＋向心运动）。这些运动所使用的重量大约是运动员平时推举重量的50%～60%。运动目的主要是激活关节部位，其中包括肌腱、韧带、滑液和关节周围所有的肌肉和筋膜。

为了提升耐力，一般不会只采用离心收缩练习。整个课程将三种离心训练法作为常规基础训练有利于运动员提升耐力和预防肌肉损伤。为了提升耐力，运动员需要完成2～4组（每组至少12次）的练习。美国国家体能协会（2008年）建议的强度是小于1RM的70%，组间间歇为30～60秒。

训练方法应用

以下是一些关于优化阻力训练的说明。

- 向心－离心训练法（CON-ECC）：1 ~ 2秒向心运动 +1 ~ 2秒离心运动。
- 慢速离心训练法（EE）：1秒向心运动，3 ~ 4秒离心运动。
- 超负荷离心训练法（SUP）：105% ~ 125% 最大重复次数（1 ~ 10RM）。
- 双起/单下离心训练法（2UP/1DN）：根据私教的要求，进行40% ~ 50% 最大重复次数（1 ~ 10RM）的双侧交替练习或单侧练习。

鼓励教练根据客户的需求和目的变换训练方法。记住，变换练习可以为教练提供更多的选择。本章稍后探讨的内容包括6种针对上半身和6种针对下半身的练习，同时还展示了每种练习的开始姿势和结束姿势。

耐力训练旨在锻炼体力，实现客户的健身目标。肌肉持续收缩的能力可以提升整体的能量生产和延缓疲劳。因此，客户的肌肉在很长一段时间内重复收缩的能力会影响他或她在日常活动和终身健身方面的表现。

训练注意事项

耐力训练有以下注意事项。有些参与者会参加一些强度较大的极端条件课程，这些课程推崇超出疲劳极限的耐力训练。参与者很容易出现被称为疲劳性横纹肌溶解（ER）的症状。因为ER，肌纤维膜会开始破裂，从而导致一些蛋白质（如肌红蛋白）溢出到血液中（Landau et al., 2012）。细胞蛋白溢出到血液中会导致肾损害和心律异常。运动过于激烈、过度都可能导致ER。只有医学专业人士才能够对ER病人进行诊断；但是，早期检测非常重要。这就是私教必须留意客户早期综合征信号的原因，及时让有ER风险的客户获得医学专业人士的诊断。一般的三联征包括红褐色（可乐颜色）尿液、肌肉疼痛和虚弱。红褐色尿液可能意味着尿液中存在肌红蛋白。以下是给私人教练的建议。

- 确保客户在两组练习间和课间有适当的休息时间。
- 变换练习避免客户过度疲劳。
- 在开始训练之前，要求客户远离咖啡因和高热量饮料，因为它们会弱化身体感知疲劳的能力。
- 跟踪客户情况，以便及时了解客户运动能力的变化。
- 在炎热环境中进行高强度的训练时要特别注意，因为很可能会加剧ER症状。

小结

肌肉收缩能力（以及持续收缩的能力）与健康状况和运动表现相关。肌肉耐力对进行体育运动的运动爱好者非常重要。因为他们在进行如足球、篮球、曲棍球、排球等运动时需要长时间活动。同时，肌肉耐力训练通过增加运动单位募集和同步化的方式，可以提高神经肌肉的活性。

此外，肌肉耐力训练是肌肉力量训练的最佳补充方式之一。这两种训练可以提升身体供能系统向重复收缩的肌肉供应ATP的能力。

本章接下来的内容将阐述耐力训练动作、训练课安排以及变换练习。

耐力训练动作

肌肉耐力涉及肌纤维在不同重复次数下的供能能力（例如，根据活动和客户需求的12 ~ 14、14 ~ 16、16 ~ 18次重复）。很多客户和练习者都没有发挥这个潜能，而且累积的代谢废物（例如，氢离子和CO_2）还导致他们出现早期疲劳。幸好，肌纤维很容易持续地适应耐力训练，从而增强体力和延缓肌肉疲劳。表6.1列出了耐力训练动作，下文将详细介绍这些动作。

表6.1　耐力训练动作

上半身	下半身
哑铃飞鸟	哑铃或壶铃相扑式深蹲
坐姿肩上推举	定腿硬拉
坐姿绳索划船	单腿推
宽握引体向上（徒手或负重）	行进弓步
哑铃交替弯举	瑞士球腘绳肌弯曲
肱三头肌绳索下压	坐姿提踵

6.1 哑铃飞鸟

（2UP/1DN、CON-ECC、EE或SUP）

开始姿势

　　1. 平躺在长椅或上斜的长凳上，双手分别抓住一个哑铃，手掌相对。将哑铃举到胸部的位置，双手保持与肩同宽。

　　2. 将哑铃从胸部往上方推，在最高处停下并保持肘关节微屈。

　　开始姿势见图6.1a。

图6.1a　哑铃飞鸟的开始姿势

教练建议

- 在客户训练时站在客户的身后。双手引导客户下放哑铃到伸展的位置。尝试在手腕和手肘进行定位；有些客户可能会更喜欢两种方式的其中一种。
- 在向上推举阶段，确保哑铃不会砸向客户。如果哑铃过重或者手臂过度弯曲，便会出现这种情况。

练习动作

1. 肘关节微屈，双臂向两侧以较宽的弧度下放哑铃直到胸部肌肉出现牵拉感。
2. 收缩胸部肌肉，手臂恢复到开始姿势。

结束姿势见图6.1b。

图6.1b　哑铃飞鸟的结束姿势

运动表现提升技巧

- 在整个运动过程中，肘关节必须保持稳定，只可以活动肩关节。
- 在离心阶段，重点是胸肌牵拉。
- 在动作的顶部可以想象为抱着一棵小树；事实上，这个练习也可以称为"抱树人"。

坐姿肩上推举

（2UP/1DN、CON-ECC、EE或SUP）

开始姿势

1. 坐在可以支撑背部的直背长椅上。
2. 抓住肩上方的杠铃同时手掌向前。

开始姿势见图6.2a。

图6.2a　坐姿肩上推举的开始姿势

教练建议

- 站在客户身后，帮助客户将杠铃放到肩上方，在肘关节处实施保护。
- 在客户每次练习时，可以轻轻地触碰客户的手肘来指导动作。
- 这个练习也可以使用哑铃。

练习动作

1. 保持核心收紧，将杠铃往上推至动作的顶部。肘关节必须完全伸展且不可以锁定。动作以完全伸展双臂结束。

2. 控制姿势，将杠铃下放到开始位置。

结束姿势见图6.2b。

图6.2b 坐姿肩上推举的结束姿势

运动表现提升技巧

- 始终保持核心收紧，以便提升表现和减小受伤风险。
- 可以采用站姿训练。以背部作为支撑坐着训练，是对初学者和背部有问题或身体较弱的运动员来说较安全的训练方法。

坐姿绳索划船

（CON-ECC、EE或SUP）

1. 坐在绳索划船机上。确保窄距手柄连接在滑轮的配件上。双脚放在脚踏板上，保持膝关节稍稍弯曲（不是锁定）。

2. 双手抓住窄距手柄。

3. 保持双臂完全伸展，坐立使上半身与下半身成90度。挺胸，坐直，核心部位收紧。开始姿势见图6.3a。

图6.3a 坐姿绳索划船的开始姿势

教练建议

- 站在客户的一侧。在客户开始第一次练习之前，确保客户完全坐直、挺胸，同时膝关节微屈。

- 在客户每次练习时，必须监督客户在拉手柄时上半身没有向前或向后倾。

- 当负荷越来越重时，可以在动作的向心阶段帮助客户，即在客户拉的过程中轻轻地将手柄向客户的腹部方向推。

- 可以让客户使用不同的配件（例如宽手柄或绳子）练习动作。这些配件不会改变中背部所承受的力，但是可以为运动员提供不同的运动选择，从而有利于训练目标的达成。

练习动作

1. 使用背部肌肉，将手柄往身体方向拉直到手柄触碰腹部。可以把双臂当作挂钩，只使用背部肌肉完成全部训练。重点是每次练习时必须同时后收肩胛骨。

2. 慢慢地控制姿势，将手柄放回开始位置，双臂完全伸展。接下来，进行下一个练习。结束姿势见图6.3b。

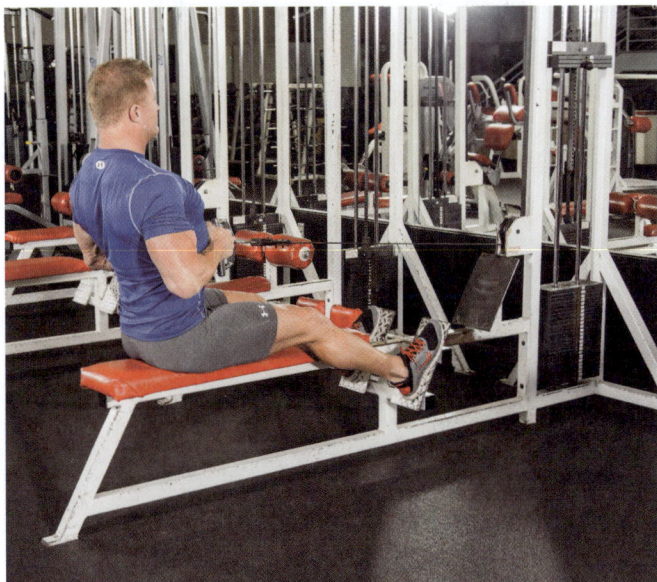

图6.3b 坐姿绳索划船的结束姿势

运动表现提升技巧

- 总是保持核心收紧和挺胸。
- 上半身和下半身要一直保持90度的开始姿势——这不是全身划船运动！
- 放松而不是锁定膝关节，以避免下背部受伤。
- 选择可以完成整个动作的重量。

宽握引体向上（徒手或负重）

（2UP/1DN、CON-ECC、EE或SUP）

开始姿势

1. 站在箱子上或台阶上，手掌朝前抓住引体杆。双手分开，保持间距大于肩宽。
2. 双臂完全伸展，身体悬空。

开始姿势见图6.4a。

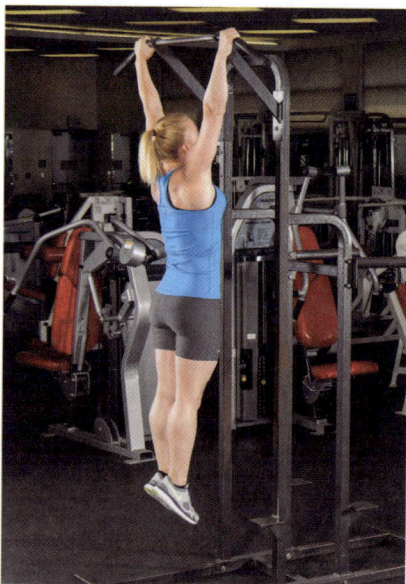

图6.4a　宽握引体向上的开始姿势

教练建议

- 在客户开始练习引体向上时，教练站在一侧留意客户姿势的正确性，确保客户在动作的顶部完成完全收缩动作。当客户感到疲劳时，教练可以在向心训练阶段提供帮助，在客户屈膝时直接在膝关节下方施加力来协助客户做向上运动。
- 对于没有能力完成5个引体向上动作的客户，建议其使用引体向上辅助器械或弹力绳来逐步提升力量。
- 对于想增加难度的客户，可以让其从标准引体向上（即从静止悬垂开始）逐步过渡到胸部触杆的引体向上练习。对于10次以上的重复训练，可以指导客户完成体操屈伸或蝴蝶屈伸，但是注意这些动作要求强大的核心力量、肩关节活动度和全身灵活性。
- 对于想提升引体向上力量的客户，可以在日常训练中为其添加负重进行引体向上练习。

练习动作

1. 腰部稍微前凸，挺胸，将身体朝杆方向拉起直到下巴过杆。
2. 控制腰部慢慢地回到开始位置。在动作的底部，完全伸展背阔肌。

结束姿势见图6.4b。

图6.4b 宽握引体向上的结束姿势

运动表现提升技巧

- 上拉时保持挺胸。
- 体验双手抓握不同宽度。
- 进一步增加难度，可以上拉至胸部触杆。

6.5 哑铃交替弯举

（2UP/1DN、CON-ECC、EE或SUP）

开始姿势

1. 站姿，双手手掌朝前分别握住一个哑铃，双臂向下方完全伸展。
2. 手肘保持靠近身体并与肩、髋和膝在一条直线上。

开始姿势见图6.5a。

图6.5a　哑铃交替弯举的开始姿势

教练建议

- 当客户开始训练时，教练站在一侧以便确保客户的肘与肩、髋和膝在一条直线上。肘关节在整个运动过程中都必须位于固定的位置。
- 如果客户需要少许保护，那么教练可以站在客户的前面指导客户将哑铃弯举到动作的顶部。
- 可以让客户交替使用锤握和正握的方式，以增加对前臂屈肌的刺激。
- 可以使用反握、锤握和正握弯举的方式变换练习。

练习动作

1. 保持上臂固定，弯曲一侧肘关节，同时将该手臂向上弯举到肱二头肌完全收缩的位置。在到达动作的顶部时，手必须保持反握姿势。

2. 在动作的顶部收缩肱二头肌，接着慢慢下放哑铃到开始位置，用另一侧手臂完成相同的训练。接着重复练习。

结束姿势见图6.5b。

图6.5b 哑铃交替弯举的结束姿势

运动表现提升技巧

- 只能用肘关节完成动作，肩关节必须保持不动。
- 在动作的顶部避免身体晃动。控制弯举的动作，哑铃过重或动作过快会导致身体晃动。
- 哑铃交替弯举是一个实用的2UP/1DN弯举变化练习。2UP/1DN弯举是一个使用如史密斯机等固定设备的传统练习方式。

肱三头肌绳索下压

（CON-ECC、EE或SUP）

开始姿势

1. 使用高滑轮复合拉伸机，选择直杆配件，正握（手掌向下）抓杆，双手保持与肩同宽，将杆下拉至前臂与躯干成90度。

2. 同时，肘与肩、髋和膝保持在一条直线上。

3. 双臂必须保持贴近身体。握住拉杆时，前臂必须与滑轮平行。

开始姿势见图6.6a。

图6.6a 肱三头肌绳索下压的开始姿势

教练建议

- 站在客户一侧，确保客户只发生以肘关节为轴的动作。
- 在客户感到疲劳时，教练可以在动作的向心阶段提供帮助：在客户下压和向下伸展双臂时稍微下压拉杆。
- 客户可以使用配件绳来变换练习。

练习动作

1. 保持核心收紧，挺胸且躯干直立，完全向下伸直双臂直到杆紧贴大腿前侧，手臂成180度伸展。

2. 慢慢地控制姿势，直到把杆恢复到前臂与躯干成90度的开始位置。重复训练。

结束姿势见图6.6b。

图6.6b　肱三头肌绳索下压的结束姿势

运动表现提升技巧

- 选择一个在下拉过程中不会导致身体晃动的重量。如果在练习的过程中，客户没有办法保持身体稳定，那么需要使用助力带来增加下拉力。
- 始终保持良好的姿势。上臂必须始终与器械保持平行，肩关节不可以活动，只有肘关节参与动作！

哑铃或壶铃相扑式深蹲

（CON-ECC、EE或SUP）

开始姿势

1. 双脚分开站立，间距宽于肩宽，脚尖稍微朝外。
2. 膝沿脚尖方向运动。
3. 双手握住哑铃片，确保哑铃垂直于地面。站立，挺胸，收紧核心。

开始姿势见图6.7a。

图6.7a 哑铃或壶铃相扑式深蹲的开始姿势

教练建议

- 站在一侧帮助客户保持正确的姿势，同时确保客户的躯干始终直立并且重心始终放在脚后跟上。
- 指导并提醒客户将重心放在脚后跟上，同时保持躯干直立。
- 客户可以采用药球来变换练习。

练习动作

1. 慢慢下蹲，将哑铃垂直地朝地面下放。在整个运动过程中必须保持上半身直立，身体不要前倾。

2. 在下蹲的最后阶段，收紧臀大肌，同时通过脚后跟将力作用于地面，并回到开始位置。结束姿势见图6.7b。

图6.7b　哑铃或壶铃相扑式深蹲的结束姿势

运动表现提升技巧

- 始终保持脚尖稍微朝外。
- 在整个运动过程中躯干必须保持直立。
- 重心必须始终放在脚后跟上！

定腿硬拉

（CON-ECC或EE）

开始姿势

1. 站立并挺直躯干，双臂自然下垂，双手持杠铃，掌心朝向身体。
2. 双脚与肩同宽。

开始姿势见图6.8a。

图6.8a 定腿硬拉的开始姿势

教练建议

- 站在客户的一侧，确保客户在整个运动过程中保持背部挺直，在下放阶段不会出现弓背。
- 提醒客户保持将重心放在脚后跟上，同时重点关注离心阶段腘绳肌的伸展以及向心阶段臀大肌的收缩。
- 可以对可塑性强且身体强壮的客户增加难度，要求他们将杠铃下放到可以触碰双脚的位置。在客户的髋关节逐渐弯曲到大于90度时，确保客户仍处于核心肌肉激活状态并且背部呈中正姿势（即自然无压力姿势）。

练习动作

1. 挺胸，以髋关节为轴慢慢屈体，直到躯干与双腿成约90度。背部和颈部必须保持自然，同时保持核心收紧。在将杠铃朝地面下放时，杠铃必须贴近身体。

2. 收缩臀大肌，将杠铃拉回开始位置。

结束姿势见图6.8b。

图6.8b 定腿硬拉的结束姿势

运动表现提升技巧

- 双膝微屈。重点是在动作的离心阶段拉伸腘绳肌。
- 在髋关节前屈时，必须保持核心收紧和背部平直。
- 保持重心放在脚后跟上。

6.9 单腿推

（CON-ECC、EE或SUP）

开始姿势

1. 调整机器的靠背以便为伸展腿部和向后移动提供最大的动作范围和更高的舒适度。

2. 坐下，后腰以自然的弧度靠着靠背，使腰和双肩结实靠压在靠背上。颈部保持放松。

3. 将脚放在脚踏板上并调整到恰当的位置（高些或低些）。脚放在恰当的位置可以让胫骨与股骨在每次重复训练的过程中保持成90度或更大角度。

4. 双脚分开至与肩同宽，接着将另一条腿置于比肩宽稍宽的位置并保持脚尖稍微朝外。开始姿势见图6.9a。

图6.9a 单腿推的开始姿势

教练建议

- 在客户练习时必须检查身体的位置和姿势。
- 当客户准备开始练习时，教练可以采用单跪姿势，一只手调整客户保持正确的姿势，另一只手放在腿部推蹬机上。
- 当客户感到疲劳时，教练必须站起来并用双手在腿部推蹬机上帮助定位。与客户保持眼神交流。这是一个用单腿完成的练习，因此必须特别注意离心和向心动作阶段的负荷。

练习动作

1. 屈膝至90度角或达到最大动作范围。在整个训练过程中，后腰和肩必须紧贴靠背，推蹬侧腿的脚后跟必须一直接触脚踏板。腘绳肌有牵拉感。

2. 在动作最后，用腘绳肌、臀大肌和股四头肌控制脚踏板回到开始位置。

3. 在单腿完成了设定的重复次数后，换另一条腿练习。

结束姿势见图6.9b。

图6.9b　单腿推的结束姿势

运动表现提升技巧

- 头部和颈部保持在中立位置。
- 保持膝沿脚尖方向运动。
- 保持脚后跟在整个重复训练过程中始终放在脚踏板上。
- 保持双肩和腰靠压着靠背。腰部保持自然弧度（即前凸），避免过度伸展（即腰部过度前凸）。

行进弓步

（CON-ECC或EE）

开始姿势

站立，双脚分开与肩同宽。

开始姿势见图6.10a。

图6.10a　行进弓步的开始姿势

教练建议

- 在客户练习行进弓步时，教练在一侧监督，确保客户在每次重复过程中，膝始终沿脚尖方向运动。
- 为了增加难度，可以要求客户在每次练习的结束姿势保持3 ~ 5秒，也可以要求客户手持哑铃或在客户背部放置杠铃来增加负荷。

练习动作

1. 训练开始时先向前跨一大步。步伐必须足够大，以确保前膝位于前脚脚踝正上方，并且膝沿同侧脚尖方向运动。

2. 前脚定位之后，弯曲前、后腿，躯干和髋关节向下压低。在下压和起立的过程中必须保持躯干挺直，不要前倾。保持前膝沿脚尖方向运动，且不能往前超过踝关节，否则长此以往膝关节会受伤。

3. 腘绳肌、臀大肌和股四头肌发力，将后腿推起并收回至两腿并拢。在另一侧重复练习。结束姿势见图6.10b。

图6.10b　行进弓步的结束姿势

运动表现提升技巧

- 总是大跨步。步伐越大就越能够在运动中着重训练大腿肌肉，而不会损伤膝关节。
- 在运动过程中，膝沿同侧脚尖方向运动。

瑞士球腘绳肌弯曲

（2UP/1DN、CON-ECC或EE）

开始姿势

平躺在地板上，脚跟压在瑞士球上。双臂放在身体两侧地面上以保持身体稳定。
开始姿势见图6.11a。

图6.11a　瑞士球腘绳肌弯曲的开始姿势

教练建议

- 在一侧监督客户，确保客户在将腰部从地面抬起的过程中始终保持恰当的姿势，且只有双肩接触地面。
- 在客户练习时，提醒客户保持核心收紧，同时将脚后跟下压到球上。
- 为了增加难度，可以要求客户将双臂进一步贴近身体，这样会增加平衡难度。

练习动作

1. 保持腰、膝和髋关节在一条直线上，将腰部和臀部抬起。

2. 保持稳定的、平衡的姿势，弯曲双膝，脚后跟朝着臀大肌方向拉。双脚必须能够滚动球。

3. 在动作的顶部收缩腘绳肌和臀大肌，接着慢慢下放腰部到开始位置。

结束姿势见图6.11b。

图6.11b　瑞士球腘绳肌弯曲的结束姿势

运动表现提升技巧

- 重点是必须始终保持核心收紧，这样可以在球上保持平衡。
- 通过脚后跟，身体持续对脚下的瑞士球施压，从而收缩臀大肌和腘绳肌。

坐姿提踵

（2UP/1DN、CON-ECC、EE或SUP）

开始姿势

1. 坐在小腿提踵机上，脚尖放在脚踏板一小部分位置，脚后跟悬空。双脚保持与肩同宽并相互平行。

2. 将软垫置于大腿（靠近膝关节但不放在膝关节上）上，调整软垫的高度以便适合腿围。双手握住靠垫上方的手柄。

3. 抬起脚后跟，收缩小腿肌肉，提升杠铃接着释放安全杆。

开始姿势见图6.12a。

图6.12a 坐姿提踵的开始姿势

教练建议

- 站在小腿提踵机一侧，帮助客户放下安全杆。
- 接下来，站在可以增加负荷的杆旁，同时在客户明显疲劳时帮助客户完成动作的向心阶段。
- 使用安全杆来帮助客户重新设置负荷以便完成训练。
- 在设计坐姿提踵计划时，必须考虑主要发力的比目鱼肌属于以I型肌纤维为主的肌肉，它适合多重复次数练习。

练习动作

1. 先下放脚后跟，直到小腿完全伸展。
2. 接着抬起脚后跟，收缩小腿肌肉，直到重量完全分布到双脚上。
3. 重复动作。
4. 完成训练之后，将安全杆恢复到锁定的位置。

结束姿势见图6.12b。

图6.12b 坐姿提踵的结束姿势

运动表现提升技巧

- 这个练习会对跟腱产生刺激，因此负荷不能太重。
- 在收缩时保持最佳的动作范围。
- 将大腿上的软垫调整到舒服的位置。

上半身和下半身的耐力训练课安排

　　这些耐力训练课的设计目的在于提供完整的上半身和下半身耐力训练方法。运动员在每次训练之后必须休息48 ~ 72小时。因此，执行这个计划的最佳方式如下：星期一和星期三完成上半身训练，星期二和星期四完成下半身训练，隔天或训练强度较低的日子完成心肺和灵活性训练。如果运动员需要更多的休息时间，那么可以采用另外一个计划：星期一和星期四完成上半身训练，星期二和星期五完成下半身训练，而有氧运动和拉伸训练或休息可以安排在星期三和星期六。

案例研究：客户特征和目标

　　安是一名33岁的公关活动制片人，身高约160厘米，体重约59千克。她喜欢跑步和参加5千米和10千米的比赛。自高中开始，她便一直积极地跑步，每周定期跑约24千米。多年以来，她一直遭受跑步带来的膝关节伤痛，因此她想做一些阻力训练来预防再次受伤。到目前为止，安已经进行了适量的阻力训练。上半身耐力是她想提升的方面。此外，她已经进行了几个月的力量训练。她是当地运动和健康俱乐部的成员，每个星期，她会带着两个孩子一起去俱乐部。对于耐力爱好者，私教需要关注客户的身体条件和耐力目标。耐力爱好者，特别是跑步者和铁人三项运动员，会进行很多长跑训练，每一步的跑动都会对下半身造成巨大的压力。如果下半身肌肉没有做好承受压力的准备，那么关节、骨头和结缔组织会吸收这些冲击。表6.2为以离心训练为主的为期三周（中周期）的耐力训练计划。

表6.2　以离心训练为主的为期三周（中周期）的耐力训练计划

时间	练习	组数	重复次数或持续时间	技术
星期一	哑铃飞鸟	2 ~ 3	10 ~ 15	EE
	坐姿绳索划船	2 ~ 3	10 ~ 15	2UP/1DN
	坐姿肩上推举	2 ~ 3	10 ~ 15	EE
	肱三头肌绳索下压	2 ~ 3	10 ~ 15	EE
	哑铃交替弯举	2 ~ 3	10 ~ 15	EE
星期二	哑铃或壶铃相扑式深蹲	2 ~ 3	10 ~ 15	EE
	定腿硬拉	2 ~ 3	10 ~ 15	EE
	靠背蹬腿	2 ~ 3	10 ~ 15	2UP/1DN
	平板支撑	2 ~ 3	个人最长时间	
星期三	休息或有氧运动日			
星期四	史密斯机上斜卧推	2 ~ 3	10 ~ 15	EE
	坐姿肩上推举	2 ~ 3	10 ~ 15	2UP/1DN
	宽握背阔肌下拉	2 ~ 3	10 ~ 15	EE
	器械肱三头肌伸展	2 ~ 3	10 ~ 15	2UP/1DN
	佐特曼哑铃弯举	2 ~ 3	10 ~ 15	EE
星期五	杠铃后蹲	2 ~ 3	10 ~ 15	EE
	杠铃早安式练习	2 ~ 3	10 ~ 15	EE
	行进弓步	2 ~ 3	10 ~ 15/侧	EE
	标准垫上卷腹	2 ~ 3	15 ~ 20	
星期六	有氧运动（30 ~ 45分钟）			
	全身性牵拉（可以增加瑜伽）			
星期天	休息			

为了提升肌肉耐力，建议在日常训练的基础上练习任意一个离心训练动作。因为在耐力训练中会使用较轻的负荷，因此这里的离心训练不会出现严重的潜在危害和肌肉酸痛。恰当的方法是按照合理且平衡的规格制订为期8～12周的向心和离心训练。根据客户的目标和需求设计训练方法。

在开始主要的训练之前，可以先了解这些可以作为变换选项添加到客户日常训练当中的练习。同时，这些练习也为教练提供了满足客户多种需求和目标的选择，其中包括适应健身水平、肌肉骨骼的注意事项以及提高动作灵活性等。这些变换练习可以为肌肉提供不同的刺激。这些刺激是帮助一些客户提高肌肉骨骼适应性或帮助客户突破训练瓶颈的必要条件。同时，这些训练还提高了阻力训练设计的灵活性和创新性。定期改变有效的日常训练和阻力训练课程，以便适应客户的健身状态。表6.3为训练动作对应的变换练习。

表6.3　训练动作对应的变换练习

训练部位	训练动作	变换练习
上半身耐力训练	哑铃飞鸟	绳索飞鸟；器械飞鸟；杠铃卧推
	坐姿肩上推举	头上杠铃推举；坐姿杠铃肩上推举
	坐姿绳索划船	单臂哑铃划船；俯身杠铃划船
	宽握引体向上（徒手或负重）	背阔肌下拉；坐姿划船；绳索划船
	哑铃交替弯举	杠铃屈臂；托板屈臂弯举；佐特曼哑铃弯举
	肱三头肌绳索下压	器械肱三头肌伸展；仰卧肱三头肌伸展
下半身耐力训练	哑铃或壶铃相扑式深蹲	杠铃前蹲；杠铃后蹲；过顶杠铃深蹲；史密斯机深蹲
	定腿硬拉	标准硬拉；体屈；哑铃定腿硬拉
	单腿推	瑞士球深蹲；双脚标准腿推；行进弓步
	行进弓步	腿部伸展；手枪式深蹲；原地交替弓步；保加利亚弓步蹲
	瑞士球腘绳肌弯曲	坐姿屈腿；仰卧屈腿；使用复合拉伸机单腿腘绳肌弯举
	坐姿提踵	站姿提踵I；单腿提踵；跳箱练习

计划A

① 哑铃飞鸟

② 坐姿绳索划船

③ 宽握引体向上（徒手或负重）

④ 坐姿肩上推举

⑤ 哑铃交替弯举

⑥ 肱三头肌绳索下压

计划B

① 宽握引体向上（徒手或负重）

② 坐姿绳索划船

③ 哑铃飞鸟

④ 坐姿肩上推举

⑤ 肱三头肌绳索下压

⑥ 哑铃交替弯举

97

计划A

① 哑铃或壶铃相扑式深蹲

② 定腿硬拉

③ 单腿推

④ 行进弓步

⑤ 瑞士球腘绳肌弯曲

⑥ 坐姿提踵

计划B

① 行进弓步

② 瑞士球腘绳肌弯曲

③ 定腿硬拉

④ 哑铃或壶铃相扑式深蹲

⑤ 坐姿提踵

⑥ 单腿推

第 7 章　发展爆发力的离心训练

有些人将力量（strength）和爆发力（power）两个词混用。但是，这两个词的意思并不相同。在健身和训练中，力量指的是将一个重物从点A搬到点B的能力。一般情况下，在特定训练（例如卧推或靠背蹬腿）中，力量按照1次最大重复（1RM）的方式测量。而爆发力指的是在较高的频率或速度下产生力的能力。

力量和爆发力可以分别进行训练。例如，很多人非常擅长以1RM为单位的卧推，但是，在高速的情况下，他们举起较轻重物的能力可能比不上1RM小的人。观察爆发力训练（其中包括速度因素）和力量训练（涉及提升最大力量）之间重要的差异就可以很好地理解这种明显的矛盾。

但是，即使力量和爆发力之间存在差异，也并不意味着运动员不能够同时拥有两者。事实上，在一些运动中，缺乏力量的爆发力是毫无意义的。例如，奥林匹克运动会的举重运动员虽然在抓举或挺举中接近完美地展现爆发力，但是只是举起了杠铃的重量。众所周知，初学者从用空杆（或PVC管）开始练习举重，但是这并不是举重运动员努力的最终结果。为了在负重前蹲抓举（或在重量级抓举过头）中爆发，运动员必须具备（不管爆发性如何）移动重物的力量。因此，建立力量基础是提升个人在高强度（重量较重）负荷的情况下产生最大爆发力（发力速度）的必要条件。

研究指出，离心训练首先会减弱运动员在重负荷的情况下产生力的能力，同时这种减弱会持续7天的时间（Linnamo, Strojnik & Komi, 2006）。这种减弱是因为离心训练倾向于募集Ⅱ型肌纤维（即快缩型肌纤维）。这种肌纤维在完成离心训练后的几天会出现受损和疲劳（Linnamo et al.）。虽然运动员在重负荷下产生力的能力减弱了，但是其在中等负荷下产生力的能力会提升。这是因为在Ⅱ型肌纤维修复和重建时会出现更多被募集的Ⅰ型肌纤维（即慢缩型肌纤维）（Byrne & Eston, 2002）。

此外，虽然重负荷的离心训练会在短时间内减弱产生力的能力，但是从长期看，这种训练可以提升产生力的能力。例如，在一项研究中，运动员进行66%1RM抛式卧推（一种在向上推举阶段放开杠铃的增强式卧推方式），研究人员发现，进行爆发式离心训练提升了向心的爆发力（Sheppard & Young, 2010）。同时，爆发式离心训练促进了蛋白质合成，促进了更多肌肉组织增长。要时刻记住，高强度的离心训练一开始会损伤肌肉组织，导致出现为期几天的肌肉酸痛和功率输出下降（Linnamo et al., 2006）。但是长期的较高强度的离心训练可以提升功率输出。

事实上，在最近为期三周的测量跑步速度和功率输出的研究中，研究人员发现，结合超速和基本跑步训练的离心训练比传统的阻力训练所达到的速度和爆发力的提升效果更显著（Cook, Beaven & Kilduff, 2013）。因此，通过短暂（三周）刺激，组合训练方法显然更好。这里针对组合训练的建议是，在离心爆发力动作之前完成向心力量动作。例如，运动员可以在完成80% ~ 90%1RM负重悬垂抓举之后，进行（重点在离心落地阶段）跳箱练习（Beaven, Gill, Ingram & Hopkins, 2011）。此外，研究人员还阐述了有效提升爆发力的组合训练。建议私教可以要求客户采用不同的组合训练方法，以评估适合客户的训练方法。

训练方案设计

任何训练方案在训练之前都必须具备以下两个要素。

1. 全身性热身运动：运动员必须完成5 ～ 10分钟的一般有氧运动（例如，骑自行车、划船、走路、跑步、使用椭圆机训练或者其他多关节运动）。

2. 针对爆发力训练的特定热身运动：运动员必须完成1 ～ 2个传统热身运动（即向心运动＋离心运动）。同时，运动中所使用的重量必须是运动员正常推举重量的50% ～ 60%。运动的目的主要是激活关节部位，包括肌腱、韧带、滑液以及关节周围所有的肌肉和筋膜。

为了提升爆发力，一般不会只使用离心训练方案。在一些训练周期中组合使用三种离心训练方法会比较可行。例如，运动员可以练习为期2 ～ 3周且组合了离心爆发力动作（例如跳箱）的力量和爆发力动作（例如高翻）。提升爆发力的训练设计要求运动员完成3 ～ 5组（每组1 ～ 2次）练习。美国国家体能协会（2008年）的指导方针是，训练强度为80% ～ 90%1RM，组间休息3 ～ 5分钟。

训练方法应用

以下是一些关于优化阻力训练的说明。

- 向心 – 离心训练法（CON–ECC）：1 ～ 2秒向心运动 +1 ～ 2秒离心运动。
- 慢速离心训练法（EE）：1秒向心运动 +3 ～ 4秒离心运动。
- 超负荷离心训练法（SUP）：105% ～ 125%最大重复次数（1 ～ 10RM）。
- 双起/单下离心训练法（2UP/1DN）：根据私教的要求，以40% ～ 50%最大重复次数（1 ～ 10RM）进行双侧交替练习或单侧练习。

鼓励教练根据客户的需求和目的变换训练方法。记住，变换练习可以为教练提供更多的选择。本章稍后探讨的内容包括6种针对上半身和6种针对下半身的练习，同时还展示了每种练习的开始姿势和结束姿势。

爆发力是力量和速度两者的结合，是功能性训练的重点，特别是随着一个人年龄的增长。爆发力训练有利于练习者保持和提升肌肉收缩能力，特别是在需要对某些事件做出快速反应的日常活动中。因此，这里的爆发力训练旨在改善积极生活方式的方方面面。

小结

爆发力训练对于要求具备爆发力的体育项目和活动是十分重要的。这些体育项目和活动包括冲刺、跳跃、投掷、推和快速变向。肌肉爆发力训练可以为爆发力训练的发展和改进奠定坚实的基础。

　　爆发力训练可以让业余运动员或运动爱好者在短时间内提升爆发力。如果运动员无法灵活地应用爆发力，那么他可能只是非常强壮但是缺乏爆发力。因此，他需要特定的爆发力训练。使用离心训练可以提高爆发力表现（Vogt & Hoppeler, 2014 ）。

　　本章接下来的内容将阐述针对爆发力训练动作、训练课安排以及变换练习。

爆发力训练动作

在爆发力训练中，人体推举重物的速度可以表示人体的工作肌肉募集的速度。因此，在很多时候，神经系统的指令信息构成了这种训练类型的主要组成部分。事实上，在爆发力训练中，人体的中枢神经系统会以更有效的方式控制肌肉。大多数练习者都不会定期地完成这种募集训练，因此重点关注每块训练肌肉的募集是非常有用的。为了实现更高的做功效率和爆发力，可以要求客户在训练的过程中关注每项爆发力训练的目标肌肉。表7.1列出了爆发力训练动作。

表7.1　爆发力训练动作

上半身	下半身
上斜卧推	杠铃前蹲
挺举	翻举上拉
大猩猩式引体向上	高翻
增强式俯卧撑	抓举
双臂上杆（杠铃或吊环）	跳箱练习
倒立俯卧撑	跳远

上斜卧推

（CON-ECC、EE或SUP）

开始姿势

1. 躺在斜板上，双脚平放在地面。
2. 正握杠铃，双手间距稍宽于肩宽。
3. 将杠铃从卧推机架上举起并放在胸部正上方。

开始姿势见图7.1a。

图7.1a 上斜卧推的开始姿势

教练建议

- 在客户练习上斜卧推时，教练应站在客户身后。
- 如果杠铃比较重，可以在客户向上推举时提供帮助，避免其肩关节受伤。
- 保持接触杠铃，从训练开始到结束都跟随客户的动作。
- 帮助客户将杠铃放回卧推机架上，以降低客户肩关节受伤风险。

练习动作

1. 下放杠铃直到杠铃接触胸部上方（锁骨位置）。
2. 将杠铃往上推，收缩胸大肌直到双臂完全伸直。

结束姿势见图7.1b。

图7.1b　上斜卧推的结束姿势

运动表现提升技巧

- 保持姿势稳定，避免杠铃在胸部位置晃动。
- 前臂在杠铃下方，并保持与地面垂直。
- 根据肩部的稳定性和动作幅度，将双手间距从宽调窄。

挺　举

（CON-ECC或EE）

开始姿势

1. 开始时必须站直，杠铃放在胸部上方。双手放在杠铃下方，手掌掌心向上。
2. 双手间距为与肩同宽或稍宽于肩宽。第二个姿势时双膝必须微屈。
开始姿势见图7.2a，第二个姿势见图7.2b。

图7.2a　挺举的开始姿势　　　　　　图7.2b　挺举的第二个姿势

教练建议

- 站在客户的一侧监督杠铃的移动路径。客户必须将杠铃沿直线推举到头顶上方。
- 提醒客户将重心放在脚后跟上。
- 客户在将杠铃推举过头顶时要注意避开下巴，接着在双臂完全伸直时，头部必须"穿过伸展的双臂形成的窗口"。

练习动作

1. 保持躯干挺直，慢慢弯曲双膝，这个动作被称为缓慢下沉。

2. 回到躯干完全伸展的姿势；接着开始将杠铃推举到头顶上方。重点是爆发性地将杠铃推举到头顶上方。在推举的过程中要仰头，避免杠铃碰撞到下巴。

3. 在杠铃被推举到头顶上方时，双膝保持自然弯曲，双臂完全伸直。将双膝伸直到完全垂直站立的姿势。

4. 慢慢将杠铃下放到胸部上方。重复练习。

第三个姿势见图7.2c，结束姿势见图7.2d。

图7.2c　挺举的第三个姿势

图7.2d　挺举的结束姿势

运动表现提升技巧

- 始终保持核心收紧以便提高表现水平，同时降低受伤风险。
- 注意保持重心在脚后跟上。
- 记住，在挺举的过程中做到下沉、挺举和下放。

开始姿势

1. 站在箱子或台阶上，双手掌心朝前抓住引体杠。双手分开，间距比肩宽宽 1 ~ 2 英寸（约2.5 ~ 5厘米）。

2. 伸直双臂，身体悬空。

开始姿势见图 7.3a。

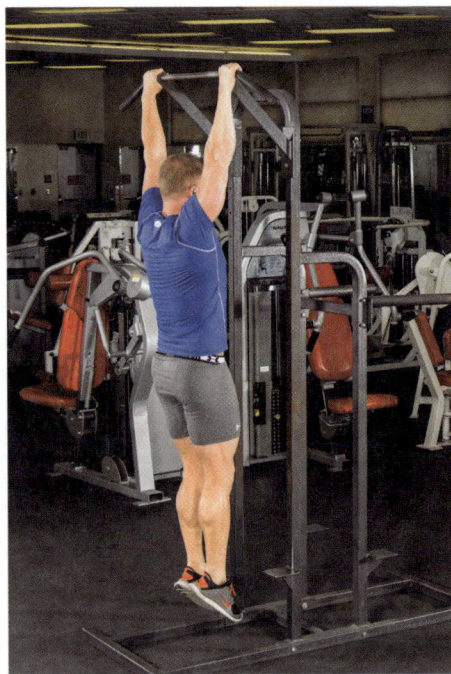

图7.3a 大猩猩式引体向上的开始姿势

教练建议

- 在客户开始引体向上时，教练可以站在一侧观察客户的训练方式以确保客户完成完整的收缩和动作幅度。客户在离心训练过程中感到疲劳时，教练可以要求客户屈膝同时直接向客户膝下方施力来帮助客户完成向上动作。
- 对于没有能力完成5个引体向上动作的客户，教练可以建议他们使用引体向上辅助器，以及不要尝试练习大猩猩式引体向上。
- 这是一个针对掌握了引体向上技术的客户的高级动作。
- 可以增加负荷来提高难度。

人邮体育 — 健身体能图书

· 体能与力量训练 ·

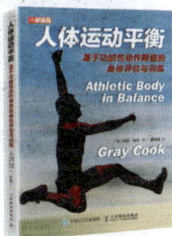

- 人体运动平衡 基于功能性动作筛查的身体评估与训练 Athletic Body in Balance Gray Cook
- 身体训练革命
- 肌肉与力量全书 THE MUSCLE AND STRENGTH PYRAMIDS
- 运动营养全书（全彩修订版）
- 自由风格训练 4个基本动作优化运动和生活表现
- 核心体能训练 释放核心力量的训练练习和方案设计

· 功能性训练 ·

- 功能性运动表现测试指导手册
- 体育运动中的功能性训练（第2版）Michael Boyle NEW FUNCTIONAL TRAINING FOR SPORTS
- 功能性训练 提升运动表现的动作练习和方案设计

· 高强度间歇训练 ·

- 间歇训练全书 MAXIMUM INTERVAL TRAINING 练就超强体能的高强度练习和方案设计
- 高强度爆发式快速伸缩复合训练（第2版）
- 高强度训练的艺术

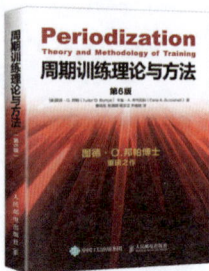  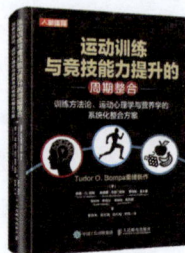

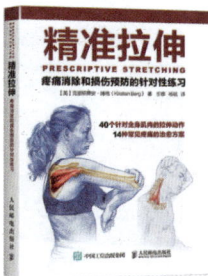  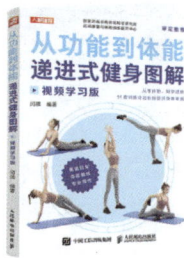

练习动作

1. 使用双臂，将自己拉向引体杠上方，同时膝关节朝胸部位置提起。

2. 在动作的顶部，下巴必须在引体杠上方，同时身体必须保持完全蜷曲姿势。

结束姿势见图7.3b。

图7.3b 大猩猩式引体向上的结束姿势

运动表现提升技巧

- 当身体处于杠下时必须保持挺胸。
- 体验双手以不同间距握杆的练习方式。
- 将胸部提到引体杠位置是一项更具挑战性的训练。

增强式俯卧撑

（CON-ECC、EE或SUP）

开始姿势

1. 双手放在地面，间距稍宽于肩宽，手指向外张开并指向前方。

2. 俯卧，踮起脚尖，这样身体的重量都在双手和双脚上。躯干必须成一条直线——不要腰曲过大或弓腰。

开始姿势见图7.4a，中间姿势见图7.4b。

图7.4a 增强式俯卧撑的开始姿势

图7.4b 增强式俯卧撑的中间姿势

教练建议

- 在一侧观察客户同时确保客户保持背部平直。
- 这个训练需要花费大量的力气，因此必须确保客户在尝试增强式俯卧撑之前至少能够完成10次常规的胸部触地的俯卧撑。
- 可以要求客户穿上加重衣来增加难度。
- 为了降低难度，可以要求客户在俯卧撑训练过程中完成强调动态向心动作的常规俯卧撑训练。使用慢速离心方式下放。
- 使用防滑垫子或衬垫可以有效提高安全性。

练习动作

1. 弯曲肘关节，同时胸部下放贴近地面。
2. 胸部一触碰地面，必须立刻离开地面，双手将身体往上推。
3. 双臂必须完全伸直，同时双手必须离开地面。
4. 下落时双手支撑身体，落地时手肘微屈。
5. 重复训练。

结束姿势见图7.4c。

图7.4c　增强式俯卧撑的结束姿势

运动表现提升技巧

- 始终保持核心收紧和背部平直。
- 下落触地时，肘关节自然放松（即双肘微屈），防止肘关节或肩关节受伤。

双臂上杆（杠铃或吊环）

（CON-ECC、EE或SUP）

开始姿势

1. 站在箱子或台阶上，双手掌心朝前抓住引体杠。双手间距比肩宽宽1～2英寸（约2.5～5厘米）。

2. 身体随着双臂动作而悬空。

开始姿势见图7.5a，中间姿势见图7.5b。

图7.5a 双臂上杆的开始姿势

图7.5b 双臂上杆的中间姿势

教练建议

- 通过强调向心阶段动作，帮助客户在这个练习中提升力量。
- 可以在吊环上练习这个动作。

练习动作

1. 一开始突然将身体拉向引体杠，就像要将自己拉向天花板。
2. 在身体向上提升的过程中，开始在引体杠上转动手腕。
3. 在动作的顶部，当头部越过引体杠时，身体可以向前倾斜并转变为下沉的动作。
4. 完全伸直双臂。
5. 慢慢下沉。重复训练。

结束姿势见图7.4c。

图7.5c　双臂上杆的结束姿势

运动表现提升技巧

- 采用体操式屈伸开始这个动作，从底部开始屈伸有利于产生你所需要的向上动力。
- 为了在这个动作中锻炼力量，可以在顶部位置开始下沉，接着身体慢慢下沉到开始位置。
- 弯曲双腿变换练习方式。教练可以站在客户身后，抓住客户双腿，帮助客户完成引体向上训练。

倒立俯卧撑

（CON-ECC、EE或SUP）

开始姿势

1. 在地面靠墙位置放置一个体操垫。背靠着墙壁，弯曲手腕，双手分开放在地面或体操垫上。

2. 对着墙倒立，保持双臂伸直。双臂和双腿以倒立姿势完全伸直。

3. 尽可能保持身体直立。

开始姿势见图 7.6a。

图7.6a 倒立俯卧撑的开始姿势

教练建议

- 站在客户一侧，重点关注客户的踝关节和下肢。需要时，帮助客户进行离心和向心阶段训练。
- 可以增加负重片或双杠制造重量差异来提升难度。

练习动作

1. 一开始要慢慢地下放身体，直到头部放在体操垫上。

2. 保持身体平衡，双臂用力下压回到开始姿势。

结束姿势见图7.6b。

图7.6b 倒立俯卧撑的结束姿势

运动表现提升技巧

- 确保控制离心阶段的动作——这对于避免头部受伤非常重要。
- 在面对难度较大的训练时，必须有人监护。
- 简单地保持等长收缩姿势可以在这个练习中提升力量。

杠铃前蹲

（CON-ECC、EE或SUP）

开始姿势

1. 将机架上的杠铃调整到肩部高度，并将杠铃放在三角肌上方，接着推举到锁骨位置。双手间距与肩同宽或稍宽于肩宽，正握抓杆。

2. 收紧核心，蹬腿，站直，将机架上的杠铃取下。站在机架一侧，双腿分开与肩同宽或稍宽于肩宽，脚尖必须稍微向外分开。

3. 重点是保持抬头和手肘上提。

开始姿势见图7.7a。

图7.7a 杠铃前蹲的开始姿势

教练建议

- 从客户身后观察，双手放在客户的肩部和杆的下方。
- 帮助客户保持躯干挺直。
- 提醒客户将重心放在脚后跟上，同时保持双膝朝外。

练习动作

1. 屈膝下蹲直到大腿后侧肌群接触小腿。
2. 保持双膝弯曲，重心放在脚后跟上。双膝必须在下蹲过程中向外张开。
3. 收紧核心，通过脚后跟向地面发力，回到开始姿势。

结束姿势见图7.7b。

图7.7b 杠铃前蹲的结束姿势

运动表现提升技巧

- 脚尖始终稍微向外张开。
- 重心保持在脚后跟上。
- 手肘和杠铃保持在胸部高度。
- 保持核心收紧！

7.8 翻举上拉

（CON-ECC、EE或SUP）

开始姿势

1. 站在负重杠铃前，双脚分开与肩同宽。

2. 尽可能保持后背挺直，屈膝，躯干前屈，双手分开与肩同宽或稍宽于肩宽，正握抓杆。开始姿势见图7.8a。

图7.8a 翻举上拉的开始姿势

教练建议

- 监督客户，确保客户在举重过程中保持恰当的姿势。
- 仔细观察客户背部的弧度以及在动作的顶部是否过度伸展。
- 鼓励客户先使用较轻的杠铃以便在增加负荷之前掌握技术。

练习动作

1. 呼气，蹬腿，挺直躯干。站立姿势，肩胛骨放松回到原位，挺胸，收背，类似于站军姿。

2. 在动作的底部，杠铃位于髋关节位置。踮起脚尖，直到杠铃到达顶部位置。耸肩向上提杠铃，保持双臂伸直。

3. 控制动作，弯曲双膝，慢慢下放杠铃，同时身躯倾向手腕方向，保持背部挺直。当杠铃触碰地面时，回到开始姿势并做好下一次重复的准备。

结束姿势见图7.8b。

图7.8b　翻举上拉的结束姿势

运动表现提升技巧

- 这是一个有一定难度的训练。如果运动员有背部问题，那么可以采用其他不损伤背部的练习或者替换练习。
- 即使背部健康，也必须确保训练的方式正确，同时不出现弓背，否则会造成背部受伤。同时还要注意所使用的杠铃——在没有把握的情况下，使用较轻的杠铃。
- 采用闭式握杆法（将大拇指夹在杠铃杆和前两个手指之间，可以更紧地握住杠铃杆）避免滑杆。

开始姿势

1. 站在杠铃旁，前脚掌放于杠铃杆下方，脚尖朝前。双脚分开与肩同宽或稍宽于肩宽。

2. 下蹲，正握抓杆，双手间距保持与肩同宽。杠铃必须在肩膀下方，挺胸，核心保持收紧。

3. 双臂必须完全伸直。

开始姿势见图7.9a，第二个姿势见图7.9b。

图7.9a　高翻的开始姿势

图7.9b　高翻的第二个姿势

教练建议

- 当客户练习这个动作时，教练站在客户的一侧。
- 确保杠铃贴近客户的身体，同时向下和向下呈直线运动。
- 鼓励客户从较轻的杠铃开始训练，同时注重技术。

练习动作

1. 开始发力时，伸展髋和膝关节，将杠铃从地面拉起。在杠铃拉到膝盖位置时，保持杠铃贴近膝关节，同时耸肩。在将杠铃拉到大腿中部位置，允许杠铃接触大腿。

2. 向上跳跃，伸展身体。

3. 耸肩，向上推杠铃，双肘可以弯曲。杠铃必须贴近身体。

4. 借助向上推的速度，将杠铃推举到身体上方，手肘绕着杠铃旋转。

5. 在完成四分之一深蹲姿势之后，抓住肩膀位置的杠铃，立刻站直。

6. 回到开始姿势，同时控制重心从髋关节下移到大腿、膝盖，最后将重心放在双脚上。

第三个姿势见图7.9c，结束姿势见图7.9d。

图7.9c　高翻的第三个姿势

图7.9d　高翻的结束姿势

运动表现提升技巧

- 始终保持核心收紧。
- 杠铃必须始终贴近身体！
- 采用闭式握杆法（即将大拇指夹在杠铃杆和前两个手指之间，可以更紧地握住杠铃杆）有助于处理较重负荷。
- 开始时使用较轻的负荷，重点是动作技术。

抓 举

（CON-ECC或EE）

1. 站在杠铃旁，前脚掌放在杠铃杆下方，双脚根据个人喜好分开，与肩同宽或宽于肩宽。
2. 下蹲，正握抓杆，双手间距宽于肩宽（根据个人喜好和情况调整双手间距）。
3. 肩膀必须在杠铃上方，挺胸，核心收紧绷，双臂完全伸直。

开始姿势见图7.10a，第二个姿势见图7.10b。

图7.10a　抓举的开始姿势

图7.10b　抓举的第二个姿势

教练建议

- 当客户练习时，教练站在客户一侧。
- 确保杠铃始终贴着客户的身体并向上和向下呈直线运动。
- 鼓励客户从较轻负荷开始训练，同时注重技术。

练习动作

1. 伸展髋和膝关节，将杠铃从地面拉起。

2. 背部保持开始姿势时的倾斜度，直到杠铃被拉到膝盖水平位置。

3. 当杠铃被拉到膝盖水平位置时，就可以爆发性地耸肩，同时保持杠铃尽可能地贴近双腿并保持向上和向下的直线运动路径。

4. 在向上挺举杠铃时，杠铃可以接触髋关节或大腿上部。伸展身体，向上跳跃。

5. 耸肩同时将杠铃向上推举，同时双肘向外翻；尽可能久地在杠铃上方保持这个姿势。快速将身体置于杠铃下方。

6. 在将双膝弯曲到90度之前，完全伸直双臂抓住头部上方的杠铃。

7. 保持四分之一深蹲姿势，双臂伸展到头部上方，抓住杠铃，接着立刻站直，将杠铃推举到头部上方。

8. 回到开始姿势，控制髋关节向下运动，大腿慢慢下沉到膝盖位置，接着将杠铃放到地面上。当感到疲劳时可以直接将杠铃从头顶上方的位置扔下。确保杠铃落下的位置在客户前方，同时客户必须在杠铃落下时向后退。

第三个姿势见图7.10c，结束姿势见图7.10d。

图7.10c 抓举的第三个姿势

图7.10d 抓举的结束姿势

运动表现提升技巧

- 始终保持核心收紧。
- 杠铃必须始终贴近身体！
- 采用闭式握杆法（即将大拇指夹在杠铃和前两个手指之间，可以更紧地握住杠铃杆）有助于处理较重负荷。
- 开始时使用较轻的负荷，重点是动作技术。

跳箱练习

（CON-ECC或EE）

开始姿势

1. 一开始选择高度合适的箱子——可以很轻松地跳过去的箱子（本书用跳凳进行动作示范）。

2. 直接站在箱子前面并距离足够的空间，避免在跳跃的过程中双脚踢到箱子。

3. 屈膝，重心放在脚后跟上。屈膝时，双臂摆动到身体后面。

开始姿势见图7.11a。

图7.11a　跳箱练习的开始姿势

教练建议

- 帮助客户选择高度合适的箱子。
- 鼓励客户在每次重复训练中都采用正确的姿势。
- 如果动作做起来非常容易，那么可以增加箱子的高度或使用EE或2UP/1DN练习。

练习动作

1. 尽可能跳得高一些，以便不碰到箱子。在跳跃时，双臂向前和向上摆动以增加动力。

2. 双脚落在箱子上，髋关节完全打开并站直。

3. 采用可控的方式，可以是走下或跳下箱子，双脚着地。跳下箱子的难度更高。

中间姿势见图7.11b，结束姿势见图7.11c。

图7.11b　跳箱练习的中间姿势

图7.11c　跳箱练习的结束姿势

运动表现提升技巧

- 先使用合适的矮箱子，接着逐渐使用较高的箱子。
- 从箱子顶部，先采用走下的方法，接着再采用跳下的方法。
- 如果存在膝盖问题等，不要从箱子上直接跳下。

跳 远

（CON-ECC或EE）

开始姿势

1. 站立，双脚分开与肩同宽。
2. 绷紧腹肌，收紧核心。

开始姿势见图7.12a，第二个姿势见图7.12b。

图7.12a 跳远的开始姿势

图7.12b 跳远的第二个姿势

教练建议

- 建立测量标准，这样客户才有努力的目标。设置一个能提高大多数运动员表现的目标。
- 鼓励客户在所有跳跃练习中要轻轻着地。
- 可以采用EE或2UP/1DN增加难度。

练习动作

1. 屈膝到中等下蹲位置，身体重心放在前脚掌。
2. 身体稍微向前倾，双臂摆动到身体后面。
3. 向前和向上尽可能高地跳跃。同时，向前和向上摆动双臂以提高跳跃表现。
4. 双脚着地，屈膝缓冲。站直并回到起点。

第三个姿势见图7.12c，结束姿势见图7.12d。

图7.12c　跳远的第三个姿势

图7.12d　跳远的结束姿势

运动表现提升技巧

- 在开始跳跃之前，身体前倾，但是重心保持放在脚后跟上。身体向前倾有利于向前跳跃。
- 尝试轻轻地着地。

上半身和下半身的爆发力训练课安排

这些爆发力训练课旨在提供一般的上半身和下半身爆发力训练方法，可以根据运动或运动员的要求进行修改。每次完成训练后必须休息48～72小时。因此，执行这个计划的最佳方式如下：星期一和星期三完成上半身训练，星期二和星期四完成下半身训练，隔天或训练强度较低的日子完成心肺和灵活性训练。另外一个计划是：星期一和星期四完成上半身训练，星期二和星期五完成下半身训练，而有氧运动和拉伸训练或伸展训练可以安排在星期三和星期六。在需要的情况下，星期三或星期天也可以作为休息日。

案例研究：客户特征和目标

塔米，23岁，是一名刚开始攻读运动科学硕士学位的学生。她身高约162.5厘米，体重约58千克。她喜欢接受流行的健身挑战，本人非常活跃，每周都会参加高强度的小组练习，而且每个星期会上两次瑜伽课。在过去4年里，塔米一直练习自由重量阻力训练。她的上半身相当强壮，下半身也很强壮。她想进行爆发力方面的练习，因为她认为这样可以显著地提升参加高强度比赛的能力。对于一名力量训练爱好者，私教必须重点了解提高客户的健身水平、特定运动项目以及专项应用性。力量型运动员往往会在大量的力量训练中组合增强式训练，从而导致全身性疲劳。私教应确保运动员在日常训练和动作训练恢复之间有足够的休息时间。表7.2为以离心训练为主的为期三周（中周期）的爆发力训练。

表7.2　以离心训练为主的为期三周（中周期）的爆发力训练计划

星期	练习	组数	重复次数	技术
星期一	上斜卧推	4～5	3～5	EE
	挺举	4～5	3～5	CON-ECC
	大猩猩式引体向上	4～5	3～5	EE
	增强式俯卧撑	4～5	5～10	EE
星期二	杠铃前蹲	4～5	3～5	EE
	高翻	4～5	1～3	EE
	翻举上拉	4～5	3～5	EE
	跳箱练习	4～5	5～10	EE
星期三	休息			
星期四	抓举	4～5	1～3	EE
	过头上举	4～5	3～5	EE
	双臂上杆（杠铃或吊环）	4～5	3～5	EE
	倒立俯卧撑	4～5	5～10	EE
星期五	杠铃后蹲	3～4	1～3	SUP
	悬垂翻（膝盖或力量位）	3～4	3～5	EE
	翻举上拉	3～4	3～5	EE
	波比式跳远	3～4	5～10	CON-EE
星期六	引体向上（徒手或负重）	4～5	1～5	SUP（由保护人协助）
	俯卧撑（利用负重片或平行杆来增加难度）	3～4	1～5	EE（由保护人协助）
	分腿弓步上挺（用蹲架或承重墩）	3～4	1～3	CON-EE
	标准引体向上	3～4	最大重复次数	EE
星期天	休息			

为了增强爆发力，建议在正常的力量训练课程的基础上阶段性地进行离心训练。可以将间歇性离心训练作为正常力量训练课程的一部分。力量训练一般会使用重负荷，与离心训练相关的过度肌肉酸痛和损伤会减少力量输出和降低表现水平。因此，爆发力训练方法规定，在完成了一些基本向心–离心训练和离心训练一周之后，运动员可以进行为期4～6周的向心训练。这样，运动员可以根据自身肌肉骨骼基础，循序渐进地提升力量。

在开始主要的训练之前，可以先了解可以作为变换选项添加到客户日常训练当中的练习。同时，这些练习也可以满足客户的多种需求和目标，包括健身水平适应性、肌肉骨骼注意事项或运动能力提升等方面。变换练习可以为肌肉提供不同的刺激，这些刺激有利于帮助客户提升肌肉骨骼适应性或帮助他们突破训练瓶颈。此外，这些练习提高了设计阻力训练的灵活性和创新性。定期改变有效的日常训练和阻力训练课程，有利于适应客户的健身状态。表7.3为训练动作对应的变换练习。

表7.3　训练动作对应的变换练习

训练部位	训练动作	变换练习
上半身爆发力训练	上斜卧推	水平杠铃卧推；哑铃卧推；俯卧撑
	挺举	弓步上挺；头上杠铃推举；坐姿肩上推举
	大猩猩式引体向上	标准引体向上；滑轮下拉；划船
	增强式俯卧撑	标准引体向上；单手倒立卧撑
	双臂上杆（杠铃或吊环）	引体向上；杠铃屈臂；双臂上杆（吊环）
	倒立俯卧撑	肩部推举；常规俯卧撑；哑铃肩部推举
下半身爆发力训练	杠铃前蹲	杠铃后蹲；过顶杠铃深蹲；行进弓步；靠背蹬腿
	翻举上拉	标准硬拉；抓举上拉；定腿硬拉；体屈
	高翻	下蹲翻；悬垂翻；杠铃前蹲；挺举
	抓举	悬垂抓举；完整抓举；过顶杠铃深蹲；杠铃后蹲；靠背蹬腿
	跳箱练习	跳远；蹲跳；杠铃增强式蹲跳；行进弓步
	跳远	跳箱练习；蹲跳；杠铃增强式蹲跳；行进弓步

上半身爆发力训练

计划A

① 上斜卧推

② 挺举

③ 大猩猩式引体向上

④ 增强式俯卧撑

⑤ 双臂上杆（杠铃或吊环）

⑥ 倒立俯卧撑

计划B

① 大猩猩式引体向上

② 增强式俯卧撑

③ 双臂上杆（杠铃或吊环）

④ 上斜卧推

⑤ 倒立俯卧撑

⑥ 挺举

133

下半身爆发力训练

计划A

① 杠铃前蹲

② 翻举上拉

③ 高翻

④ 抓举

⑤ 跳箱练习

⑥ 跳远

下半身爆发力训练

计划B

① 跳远

② 跳箱练习

③ 翻举上拉

④ 高翻

⑤ 杠铃前蹲

⑥ 抓举

135

第 8 章　关于减重的离心训练

体重超重会增加患心脏疾病、高血压、2型糖尿病、胆结石、呼吸困难、肌肉骨骼障碍和某些癌症（子宫内膜、乳腺和结肠）的风险（美国国立卫生研究院，2012年）。同时，体重超重还与早期死亡率相关（美国运动医学会，2013年）。此外，治疗肥胖引起的疾病的财政费用会冲击很多国家的经济。

超重和肥胖的主要原因是能量正平衡，即能量（通过食物吸收的）输入高于能量（通过身体活动和运动消耗的）输出（美国运动医学会，2013年）。换言之，当个体的能量平衡被打破，会出现超重和肥胖，因为食物吸收的能量大于身体输出能量。真正的能量平衡指的是，能量吸收等于能量输出。

人类基因组发现了一种生物功能，这种功能可以将大量过剩的脂肪存储在脂肪组织中。这种能力的存在，是为了应对威胁生命的饥饿（Loos & Bouchard, 2003）。但是，目前很多人会花费大量的时间看电视、玩游戏、埋头处理课业以及其他久坐不动的活动。久坐不动的活动存在一定的负面影响，例如，研究人员发现，每天看两小时以上电视与超重和肥胖症状相关联（美国国立卫生研究院，2012年）。

现代社会的成就让很多人享受到了丰富的食物；同时，也给人们的生活方式带来了能量过剩的不平衡问题。其次，其他导致肥胖的原因包括静坐少动的生活方式或阻碍积极生活的环境因素，例如，有限的人行道、山路、公园和可供人们健身的设施。同时，很多人住所的周围都是酒店、快餐店、电影院和其他娱乐场所。这些商业竞争为人们提供大份的食物。不仅如此，大多数媒体还铺天盖地地宣扬高热量、高脂肪的零食和高糖饮料。令人遗憾的是，健康的饮食选择越来越昂贵，而面临经济挑战的人们越来越没有选择权。

关于阻力训练和减重的研究一直将传统向心 – 离心训练法作为治疗肥胖和超重的方法。这是使用离心训练加强体重管理的基础知识结构。体重管理的一个重要指标是静息代谢率（RMR），也就是静息能量消耗（REE）。其次，决定RMR的重要因素是骨骼肌肉比例——肌肉越多意味着RMR越高。

肌肉质量随着年龄增长而下降，而这种改变会导致很多结果，包括降低肌肉力量和爆发力，降低RMR，减弱脂肪分解能力和增加腹部脂肪（向心性肥胖）。但是，实证表明，通过抗阻练习来维持较高的肌肉质量可以一定程度上减少上述症状，同时可能降低患2型糖尿病的风险（LaStayo et al., 2014）。更具体地说，研究指出，阻力训练可以增加瘦体量和REE，同时有利于调动内脏和皮下脂肪组织，从而减少整体脂肪量（Strasser & Schobersberger, 2011）。

但是，为了获得这些好处，个体必须受到足够的阻力训练刺激，这就是离心训练能够有效帮助客户减重的原因。证据表明，离心训练能够有效提升肌肉质量（de Souza-Teixeira & de Paz, 2012）。因此，离心训练是一个运动专业人士可以应用于多方面减重方案的策略工具（例如，应用于行为管理、心血管运动、抗阻训练和认知干预）。研究同时指出，所有阻力训练课程都有助于超重和肥胖人士在运动训练或限制能量吸收之后减少脂肪量（Strasser & Schobersberger, 2011）。此外，研究还指出，阻力训练对肌肉和新陈代谢影响的积极改变也同样适用于年纪较大的成年男子和女子（Melov et al., 2007; Hunter et al., 2007）。

训练方案设计

任何训练方案在训练之前都必须具备以下两个要素。

1. 全身性热身运动：运动员必须完成 5 ～ 10 分钟的一般有氧运动（例如，骑自行车、划船、走路、跑步、使用椭圆机训练或者其他多关节运动）。

2. 针对减重训练的特定热身运动：运动员必须完成 1 ～ 2 组传统热身运动（例如，完成离心阶段训练之后进行向心阶段训练）。同时，运动中所使用的负荷必须是运动员正常推举负荷的 50% ～ 60%。运动的目的主要是激活关节部位，包括肌腱、韧带、滑液以及关节周围所有的肌肉和筋膜。

为了实现减重目标，离心训练必须与向心训练一起组合使用。每一种方法都提供了不同的肌肉刺激，这两种方法会积极地影响新陈代谢的结果，实现更成功的体重管理。强调举重的离心部分有助于客户养成正确的训练方式，同时客户在训练之后可以提高大约 10% 的新陈代谢（Hackney et al., 2008）。

针对减重训练有一些基本的指导方针和前提。要燃烧更多的脂肪，就必须燃烧更多的热量。为了减重，个人必须结合饮食和运动来消耗能量。研究指出，肌肉含量越高，就越能够提高静息时的新陈代谢（Elia, 1999）。因此，体重管理的最佳策略之一就是在减少身体脂肪的同时，增加肌肉组织。

推荐客户按照分期计划进行训练来增加肌肉组织。这种分期计划包括针对力量、增肌和耐力的阶段训练。此外，多关节训练比单关节训练产生更多的代谢激素。因此，为了提升肌肉质量（Simao et al., 2012）以及 RMR（Hansen, Kvorning, Kjaer & Sjogaard, 2001），早期必须优先进行多关节训练。

提升力量的运动设计要求客户完成 2 ～ 6 组动作，每组重复 1 ～ 6 次。美国国家体能协会（2008 年）的指导方针是，运动员完成强度为 85%1RM 的训练，同时在每组训练之间休息 2 ～ 5 分钟。

增肌的运动设计要求客户完成 2 ～ 4 组动作，每组重复 8 ～ 12 次。美国国家体能协会（2008 年）的指导方针是，运动员完成强度为 70% ～ 85%1RM 的训练，同时在每组训练之间休息 60 ～ 90 秒。

提升耐力的运动设计要求客户完成至少 2 ～ 4 组动作，每组重复 12 次。美国国家体能协会（2008 年）的指导方针是，运动员完成强度小于 70%1RM 的训练，同时在每组训练之间休息 30 ～ 60 秒。

训练方法应用

以下是一些优化阻力训练的说明。

- 向心 – 离心训练法（CON–ECC）：1 ～ 2 秒向心运动 +1 ～ 2 秒离心运动。
- 慢速离心训练法（EE）：1 秒向心运动 +3 ～ 4 秒离心运动。
- 超负荷离心训练法（SUP）：105% ～ 125% 最大重复次数（1 ～ 10RM）。

- 双起/单下离心训练法（2UP/1DN）：根据私教指导要求，完成40%～50%最大重复次数（1～10RM），可以融合双侧交替练习和单侧练习。

鼓励教练根据客户需求和目标变换训练方法。记住，变换练习可以为教练提供更多的选择。本章稍后探讨的内容包括6种针对上半身和6种针对下半身的练习，同时还展示了每种练习的开始姿势和结束姿势。

私教不仅要关注阻力训练在提升肌肉质量和静息代谢率方面的作用，还必须重视阻力训练对健康的功效。事实证明，阻力训练有利于减轻很多慢性疾病的症状，其中包括背痛、关节炎、肥胖、心脏病和糖尿病（LaStayo et al., 2014）。因此，进行这些训练不仅有利于客户实现体重管理目标，还有助于他们理解所收获的其他方面的健康益处。

小结

在日常生活中食物的可得性和便利性，以及现代社会的很多人都适应了久坐少动的生活方式，导致多数人能量过剩、体重增加，由此导致的肌肉质量降低（这也经常因为年龄的增长而发生）直接降低了RMR，放缓了脂肪分解速度，从而导致脂肪堆积，特别是腹部的脂肪堆积。证据显示，阻力训练可以保持肌肉质量，抑制这种不良作用，同时减少个人发生诸如2型糖尿病等各种健康问题的风险（LaStayo et al., 2014）。

本章接下来将阐述减重训练动作、训练课安排和变换练习。

减重训练动作

在使用表8.1的减重训练动作时，必须提醒客户，肌肉是减少脂肪的"引擎"（肌肉收缩从而实现减重），而每次肌肉收缩都能燃烧脂肪。因此，练习时运动到的肌肉越多，燃烧的热量越多。此外，协助客户关注完成每次训练的能量消耗和强度以确保有助于减少身体脂肪的特定激素的释放。阻力训练的离心方法特别有利于实现减重课程目标，因为会增加训练后将细胞存储达到运动前水平以及促进肌纤维修复的能量消耗。

表 8.1　减重训练动作

上半身	下半身
绳索交叉飞鸟	瑞士球深蹲
阿诺德推举	大腿内外侧器械训练
哑铃耸肩	台阶上踏
器械辅助引体向上	臀桥
佐特曼哑铃弯举	坐姿腘绳肌弯曲
俯身哑铃肱三头肌后伸	二人推拉

绳索交叉飞鸟

（2UP/1DN、CON-ECC或EE）

开始姿势

1. 将滑轮放在高过头部的龙门架/飞鸟机，调试为适合自身力量水平的阻力，双手握住把手。
2. 向前一步，站在滑轮前面。
3. 在髋关节正前方，手掌相对，双手同时拉伸。
4. 身体稍微前倾。

开始姿势见图8.1a。

图8.1a 绳索交叉飞鸟的开始姿势

教练建议

- 帮助客户选择合适的运动负荷，这样客户可以使用良好的动作技术完成训练。
- 站在客户前面，督促其在训练的向心阶段双手一起运动。

练习动作

1. 在开始运动之前，手肘微屈。
2. 慢慢地、有控制地将手臂上升至身体两侧，直至感到胸部肌肉被拉伸。
3. 在动作的顶部，双臂感觉像抱着一个大的沙滩球。
4. 有控制地将双手下拉回开始姿势，这部分是向心阶段。

结束姿势见图8.1b。

图8.1b　绳索交叉飞鸟的结束姿势

运动表现提升技巧

- 双臂全程保持微屈。
- 不要使用过重的负荷，否则会影响动作的幅度！
- 保持躯干微微前倾。

阿诺德推举
（2UP/1DN、CON-ECC、EE或SUP）

开始姿势

1. 调整长凳，使靠背略向后倾斜或垂直于地面。坐在长凳上，双手将哑铃举至肩前，并与视线齐平。

2. 掌心朝向自己，手肘在手腕下方。

开始姿势见图8.2a。

图8.2a 阿诺德推举的开始姿势

教练建议

- 从后面观察客户的手肘，指导客户将哑铃推举到顶部，接着再将哑铃下放回开始位置。
- 确保客户的前臂始终彼此平行并与地面保持垂直。
- 可以将长凳靠背调至上斜、直背和水平位，进行后背支撑程度不同的推举练习。

练习动作

1. 像打开滑动门时那样，转动手肘使肘窝朝外，在将哑铃推举到头部上方时，将手肘继续上提并向外打开，直到手臂完全伸直。

2. 推举哑铃到达顶部之后，反向运动回到开始位置。

结束姿势见图8.2b。

图8.2b　阿诺德推举的结束姿势

运动表现提升技巧

- 一开始使用较轻的哑铃。
- 确保客户在肩外旋的过程中，主动控制自己的动作。

哑铃耸肩

（CON-ECC、EE或SUP）

开始姿势

1. 在直立姿势下双脚分开，与肩同宽，双手分别握住一个哑铃，置于体侧。
2. 收紧背部和核心。

开始姿势见图8.3a。

图8.3a　哑铃耸肩的开始姿势

教练建议

- 站在侧面监督客户的动作技术。
- 确保客户在动作顶点完全收缩肌肉。
- 当客户疲劳时，可以建议他或她使用握力带协助抓握。
- 可以使用龙门架或飞鸟机或杠铃变换训练方式。

练习动作

1. 耸肩，将肩膀朝耳朵的位置向上移动。保持双臂伸直。

2. 在动作顶部挤压上斜方肌（将肩膀提到动作的最高位置），接着双肩慢慢下落至开始位置。

结束姿势见图8.3b。

图8.3b 哑铃耸肩的结束姿势

运动表现提升技巧

- 保持膝盖微屈，耸肩时不要跳起。
- 训练时目视前方。在练习耸肩时，不要转头，避免颈部受伤。

器械辅助引体向上

（2UP/1DN、CON-ECC或EE）

开始姿势

1. 使用器械训练之前，选择合适的辅助重量。
2. 站在辅助平台上，掌心向前抓住把手，握距宽于肩宽。
3. 双膝或双脚（取决于机器类型）放在辅助平台上。

开始姿势见图8.4a。

图8.4a 器械辅助引体向上的开始姿势

教练建议

- 当客户开始练习引体向上时，教练站在侧面观察客户的姿势。确保客户在动作顶部时肌肉完全收缩且动作幅度达到最大。
- 对于需要更大训练难度的客户，一开始可以要求他们练习助力小的引体向上。当然，训练的最终目标是客户能够在没有助力的情况下完成自重引体向上。

练习动作

1. 稍微反弓下背部，向上移动胸部，将身体朝把手拉起，直到下巴高于把手。
2. 控制身体慢慢回到开始位置。在动作的最后，背阔肌必须完全伸展。
3. 在下器械时，将辅助平台放至静止位置。当插片或配重片放置妥当后，才可以下器械。结束姿势见图8.4b。

图8.4b 器械辅助引体向上的结束姿势

运动表现提升技巧

- 在向上拉的过程中保持挺胸。
- 用不同的握距练习。
- 更大的挑战是将胸部上拉至把手高度。

佐特曼哑铃弯举

（2UP/1DN、CON-ECC或EE）

开始姿势

1. 站直，双手握住哑铃，双臂伸直放在身体两侧。
2. 手肘贴近身体。

开始姿势见图8.5a，第二个姿势见图8.5b。

图8.5a　佐特曼哑铃弯举的开始姿势　　图8.5b　佐特曼哑铃弯举的第二个姿势

教练建议

- 站在客户侧面，首先确保客户的手肘与肩、髋和膝在一条直线上。
- 肩关节必须保持静止不动，应由肘关节完成所有的动作。

练习动作

1. 在向上弯举前臂的过程中，转动手腕使前臂前旋，直到掌心向前。
2. 将哑铃弯举至最高点，此时用力收缩肱二头肌！
3. 慢慢将哑铃放回开始位置。

第三个姿势见图8.5c，结束姿势见图8.5b。

图8.5c　佐特曼哑铃弯举的第三个姿势　　图8.5d　佐特曼哑铃弯举的结束姿势

运动表现提升技巧

- 选择可以完全控制动作的负荷，按照正握—反握—放回的顺序训练。
- 训练时要保持挺胸。

俯身哑铃肱三头肌后伸

（2UP/1DN、CON-ECC、EE或SUP）

开始姿势

1. 双手分别握住哑铃，双脚分开与肩等宽，弯腰，背部必须保持平直。
2. 双上臂与躯干上部接近平行。上臂与地面接近平行，前臂与地面接近垂直。
开始姿势见图8.6a。

图8.6a　俯身哑铃肱三头肌后伸的开始姿势

教练建议

- 监督客户，确保客户保持背部平直。
- 确保客户保持手肘向上，且结束姿势做到手臂完全伸直。

练习动作

1. 向外伸肘，直到哑铃与躯干在一条直线上。用力收缩肱三头肌。
2. 慢慢回到开始姿势。

结束姿势见图8.6b。

图8.6b　俯身哑铃肱三头肌后伸的结束姿势

运动表现提升技巧

- 保持背部平直，收紧核心。想象"挺胸"动作会帮你找到这种感觉。
- 这个训练到最后会使用很重的哑铃，选择可以让手臂与躯干在一条直线上的负荷训练。

开始姿势

1. 瑞士球靠墙，客户的中、下背部紧压并平稳地靠在瑞士球上。双臂交叉，双手放于胸前。以这样的倚靠姿势作为开始姿势。

2. 确保重心放在脚后跟上。

开始姿势见图8.7a。

图8.7a 瑞士球深蹲的开始姿势

教练建议

- 站在客户侧面，监督客户在整个运动过程中保持膝关节与踝关节在一条直线上。
- 提醒客户保持收紧核心肌群，同时重心放在脚踝上。
- 可以在训练过程中使用哑铃或壶铃等工具增加阻力，以提高训练难度。有时候也可以要求客户使用单腿完成训练。

练习动作

1. 屈膝，身体慢慢下蹲至深蹲最低点，此时大腿和小腿成90度（或接近90度）。重心始终放在脚后跟上。

2. 重点是挤压球，确保球不会从身后滑出去。

3. 下蹲至最低点后，使用臀大肌、腘绳肌和股四头肌将身体"推"回最高点。确保使用脚后跟带动训练动作！

结束姿势见图8.7b。

图8.7b　瑞士球深蹲的结束姿势

运动表现提升技巧

- 深蹲时，重心始终放在脚后跟上。
- 重点是慢慢向下蹲，然后快速回到顶部。

大腿内外侧器械训练

（CON-ECC、EE或SUP）

开始姿势

1. 坐在机器的坐垫上，调整器械，使挡板位于大腿内侧。此时器械用于内收肌群训练。
2. 将挡板调试到可以轻松地完成动作的最大活动范围。选择恰当的训练负荷。

开始姿势见图8.8a，结束姿势见图8.8b。

图8.8a　大腿内侧器械训练的开始姿势

图8.8b　大腿内侧器械训练的结束姿势

教练建议

- 鼓励客户将这个训练作为伸展训练，达到两个方向的最大关节活动度。
- 对于关节活动受限的客户，可以鼓励他们先提高自身的关节活动度。

练习动作

1. 双腿合并直到大腿相碰。接着，慢慢分开双腿。

2. 只需将大腿挡板调到大腿外侧就可以锻炼大腿外侧肌群。调节控制杆，使双腿并拢。练习时，要尽可能地打开双腿，接着慢慢回到开始姿势。

开始姿势见图8.8c，结束姿势见图8.8d。

图8.8c　大腿外侧训练的开始姿势

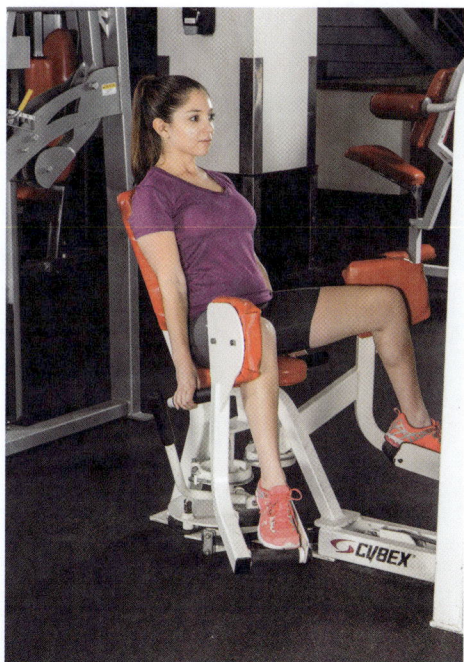

图8.8d　大腿外侧训练的结束姿势

运动表现提升技巧

- 在大腿内侧训练中增加负荷时必须注意——此时对柔韧性要求增高。
- 在这两种训练动作中达到最大活动范围。

台阶上踏

（CON-ECC、EE或SUP）

开始姿势

1. 站在一个凳子或台阶的前面。台阶的高度必须具备一定的挑战性，且保持稳定（示范动作手握哑铃，以提高训练难度）。

2. 双脚分开与肩等宽。

开始姿势见图8.9a，中间姿势见图8.9b。

图8.9a 台阶上踏的开始姿势   **图8.9b** 台阶上踏的中间姿势

教练建议

- 站在客户侧面，确保客户每一步都由脚踝驱动，同时，训练过程中保持膝关节与踝关节在一条直线上。

- 可以增加哑铃、药球或杠铃等器械来提高训练难度；也可以增加台阶高度来增加训练挑战性。

练习动作

1. 一开始，单脚放到台阶或凳子上，这个动作有点像弓步。然后，在保持膝关节与踝关节在一条直线上的前提下，蹬伸后腿上凳子。

2. 从凳子上下来，回到开始姿势。换另一侧腿练习并依此往复。

结束姿势见图8.9c。

图8.9c 台阶上踏的结束姿势

运动表现提升技巧

- 膝关节和踝关节始终在一条直线上。
- 蹬脚后跟。
- 可以手握哑铃或在背部放上杠铃，增加训练难度。

臀 桥

（CON-ECC、EE或SUP）

开始姿势

1. 仰卧，屈双膝，脚着地。
2. 调动核心肌群保持脊柱稳定。

开始姿势见图8.10a。

图8.10a 臀桥的开始姿势

教练建议

- 鼓励客户尽可能高地将髋关节往上顶，同时重心保持在脚后跟上。
- 可以在髋关节上方放置哑铃或杠铃片，增加训练难度。

练习动作

1. 将髋关节往上顶到最高点，完全伸展髋关节，同时有意识地收缩臀大肌。
2. 全程将重心保持在脚后跟上。
3. 身体慢慢下放，回到开始位置。

结束姿势见图8.10b。

图8.10b 臀桥的结束姿势

运动表现提升技巧

- 在动作的顶部，持续收缩臀大肌同时拉伸髋关节屈肌。
- 在训练过程中不要弓背。

1. 坐在坐姿腘绳肌弯曲器械上，背部倚在靠垫上。
2. 双脚放在软垫的上方，调整软垫贴近踝关节后部。

开始姿势见图8.11a。

图8.11a　坐姿腘绳肌弯曲的开始姿势

教练建议

- 软垫位置的变化会引起腘绳肌负荷的变化：软垫越贴近踝关节后部，杠杆就会越长，阻力也就越大。因此，有膝盖问题的客户，应该将软垫调整到靠近膝盖的位置，以减小阻力并减少膝关节的负荷。
- 鼓励客户完成全程运动，特别是在客户开始感到疲劳时。

练习动作

1. 收缩腘绳肌，对抗软垫给腿施加的阻力。在训练过程中，保持骨盆稳定。
2. 收缩腘绳肌，完成全程动作。
3. 抵抗机器的阻力，慢慢回到开始姿势。
4. 完成计划的训练次数，接着换边训练。

结束姿势见图8.11b。

图8.11b 坐姿腘绳肌弯曲的结束姿势

运动表现提升技巧

- 一条腿往往比另外一条腿强壮些。因此，练习单腿腘绳肌弯曲有利于腿部力量的平衡。
- 在练习单腿腘绳肌弯曲时，必须完成计划的训练次数，接着换边训练。
- 保持动作的连贯性，特别是在离心收缩训练阶段。

二人推拉

（CON-ECC或EE）

开始姿势

1. 此训练需要教练和客户一起参与。首先，教练手握一根重量轻但结实的杆，杆与躯干垂直，可以采用宽握、窄握、正常握等握法。

2. 客户与教练面对面站立，并将双手放在杆上。

练习动作

1. 首先，教练指导客户尽可能用力地推杆。同时，教练抵抗这个推力（或者尽可能地增加训练难度）。

2. 接下来，教练用力推杆，客户尽力抵抗。教练必须用力地推，但是注意不要将客户推倒！

练习动作见图8.12。

图8.12 二人推拉练习动作

教练建议

- 这个训练非常有趣，适用于不喜欢传统训练的客户，可以增进教练与客户间的信任并调动客户积极性。
- 另一种不错的减少损伤风险的训练是拖雪橇，然而这个动作并不能进行离心训练。

运动表现提升技巧

- 重点是重心要低，用腿的力量驱动训练。
- 对抗教练推的力量时，屈膝并采取宽站距。
- 收紧核心！

上半身和下半身的减重训练课安排

在抗阻训练的组间增加30秒至3分钟的无氧训练，是增加能量消耗的一种好办法，这种方法被称为"有氧循环训练（Aerobic Circuit Training）"。"循环"指的是将几种训练（如走、慢跑、骑单车、跳绳等有氧训练动作）进行排列组合，加入下文列举的训练计划中（可以加入两个以上）。需要注意的是，这几种有氧训练动作的强度不宜太大，达到恢复强度（Recovery Intensity）即可。另外，动作顺序应适时改变，以获得更好的训练效果。

案例研究：客户特征和目标

萨姆，50岁，职业是大学教授，身高178厘米，体重84千克，喜欢步行，通过运动手机软件可以看到他每天走8 000 ~ 10 000步。最近他向一位营养师咨询相关知识，力求改变自己的饮食习惯。他的训练在学校设备齐全的健身房完成。近10年，他一直训练，但是断断续续，因此效果并不好，肌肉含量不足。最近他刚刚完成一个6周的基础抗阻训练计划，习得了基本的训练动作，培养了不错的动作技能。现在，他准备开始一个更高阶的增肌训练计划。

针对减重的客户，教练应该更关注训练之后的能量正平衡，给他们制订一个包含耐力训练、力量训练等多方面的周期性训练计划。表8.2为以离心训练为主的为期三周（中周期）的减重训练计划。

表8.2　以离心训练为主的为期三周（中周期）的减重训练计划

日期	练习	组数	重复次数	技术
星期一	杠铃卧推	3 ~ 5	5 ~ 6	EE
	坐姿肩部推举	3 ~ 5	5 ~ 6	EE
	器械辅助引体向上	3 ~ 5	5 ~ 6	EE
	瑞士球深蹲	3 ~ 5	4 ~ 6	EE
	标准硬拉	3 ~ 5	3 ~ 5	EE
星期二	有氧运动（30 ~ 45分钟中等强度训练）、全身拉伸、腹肌和核心肌群训练			
星期三	史密斯机上斜卧推	3 ~ 4	8 ~ 12	2UP/1DN
	阿诺德推举	3 ~ 4	8 ~ 12	EE
	史密斯机深蹲	3 ~ 4	8 ~ 12	EE
	坐姿绳索划船	3 ~ 4	8 ~ 12	2UP/1DN
	定腿硬拉	3 ~ 4	8 ~ 12	EE
星期四	休息日或者有氧运动（30 ~ 45分钟中等强度训练）、全身拉伸、腹肌和核心肌群训练			
星期五	绳索交叉飞鸟	3 ~ 4	10 ~ 15	EE
	坐姿肩上推举	3 ~ 4	10 ~ 15	2UP/1DN
	靠背蹬腿	3 ~ 4	10 ~ 15	2UP/1DN
	单臂哑铃划船	3 ~ 4	10 ~ 15	EE
	佐特曼哑铃弯举	3 ~ 4	10 ~ 15	EE
	俯身哑铃肱三头肌后伸	3 ~ 4	10 ~ 15	EE
星期六	有氧运动（30 ~ 45分钟中等强度训练）、全身拉伸、腹肌和核心肌群训练			
星期天	休息			

在执行训练计划之前，可以参考表8.3给出的变换练习。这些练习可以满足客户的多重需求和目标，可以加快对新的训练计划的适应、减小运动损伤发生概率以及改善动作模式。变换练习可以给肌肉带来不同的刺激，这在训练瓶颈期显得尤为重要。表8.3列出的练习能让训练更灵活多变。定期为自己的客户调整训练计划，是每个教练的基本职责。表8.3为训练动作对应的变换练习。

表8.3　训练动作对应的变换练习

训练部位	训练动作	变换练习
上半身 减重训练	绳索交叉飞鸟	杠铃卧推；哑铃卧推；飞鸟
	阿诺德推举	哑铃肩上推举；杠铃过头上举；哑铃侧平举
	哑铃耸肩	坐姿绳索划船；单臂哑铃划船；俯身杠铃划船
	器械辅助引体向上	使用绳子或直杠直臂下拉；背阔肌下拉；引体向上
	佐特曼哑铃弯举	杠铃罗马椅弯举；哑铃交替弯举；锤式弯举
	俯身哑铃肱三头肌后伸	绳子或直杠直臂下拉；过顶哑铃屈伸；仰卧肱三头肌伸展（杠铃或哑铃）
下半身 减重训练	瑞士球深蹲	杠铃前蹲；杠铃后蹲；过顶杠铃深蹲；靠背蹬腿；其他深蹲训练
	大腿内外侧器械训练	标准行进弓步；杠铃箭步蹲；靠背蹬腿
	台阶上踏	使用双脚练习伸膝；手枪式深蹲；靠背蹬腿
	臀桥	定腿硬拉；坐姿腘绳肌弯曲；臀肌屈伸
	坐姿腘绳肌弯曲	俯卧屈腿；反向腿抬高；单脚或双脚瑞士球腘绳肌弯曲
	二人推拉	坐姿提踵；站姿提踵I；跳箱练习（负重或不负重）；单腿提踵

计划A

① 绳索交叉飞鸟

② 阿诺德推举

③ 哑铃耸肩

④ 器械辅助引体向上

⑤ 佐特曼哑铃弯举

⑥ 俯身哑铃肱三头肌后伸

计划B

① 器械辅助引体向上

② 哑铃耸肩

③ 绳索交叉飞鸟

④ 阿诺德推举

⑤ 俯身哑铃肱三头肌后伸

⑥ 佐特曼哑铃弯举

下半身减重训练

计划A

① 瑞士球深蹲

② 臀桥

③ 台阶上踏

④ 大腿内外侧器械训练

⑤ 坐姿腘绳肌弯曲

⑥ 二人推拉

下半身减重训练

计划B

① 二人推拉

② 坐姿腘绳肌弯曲

③ 台阶上踏

④ 瑞士球深蹲

⑤ 大腿内外侧器械训练

⑥ 臀桥

170

第9章　关于增肌的离心训练

肌肥大指的是肌纤维（即肌细胞）体积增大，即肌肉微观结构上直径以及横截面积的增加。在人体中，肌肥大指的不是新的肌纤维的形成。根据保罗和罗森塔尔在2002年的研究，这种现象只在一些动物身上出现。从微观的结构上看，肌肥大是由肌动蛋白和肌球蛋白的体积增大、数量增多引起的（Schoenfeld，2010）。另外，舍恩菲尔德还指出，肌肥大时，分布在肌纤维中的肌质以及非收缩性结缔组织也会增多。在离心训练中，肌肉在拉长的阶段负荷过重，肌节（肌纤维的最小功能单位）长度增加，因此肌纤维长度也增加（Proske & Allen，2005）。

肌肥大的生理机制包含作为肌细胞的干细胞——卫星细胞的一系列复杂的生理反应（Schoenfeld，2010）。像干细胞一样，卫星细胞有独特的生理特点和功能。卫星细胞是位于肌纤维基膜以及肌纤维原生质膜之间的单核细胞。它们能够修复损伤组织，并在超负荷训练之后触发骨骼肌肉的生长机制。一旦超负荷训练刺激了卫星细胞，它们和肌纤维融合，然后产生一个新的细胞核（肌纤维是多核细胞）。舍恩菲尔德在其2010年的论文中提到，每一个细胞核负责一个指定区域，称为它的肌原子核区域（Myonuclear Domain）。

运动诱发的刺激激活了细胞信息通路、细胞因子（Cytokines）以及激素等方面的复杂反应，为肌肥大奠定物质基础，见图9.0。特别地，细胞信息通路使得细胞进入了一种促进蛋白质合成以及抑制蛋白质分解的状态（Schoenfeld，2010）。免疫系统中的一种叫"细胞因子"的信息蛋白会和肌肉的特定受体结合，以促进肌肉生长。另外，一些促合成代谢激素和促肌肉生长激素在肌肥大的过程当中也起到了重要的作用，这些

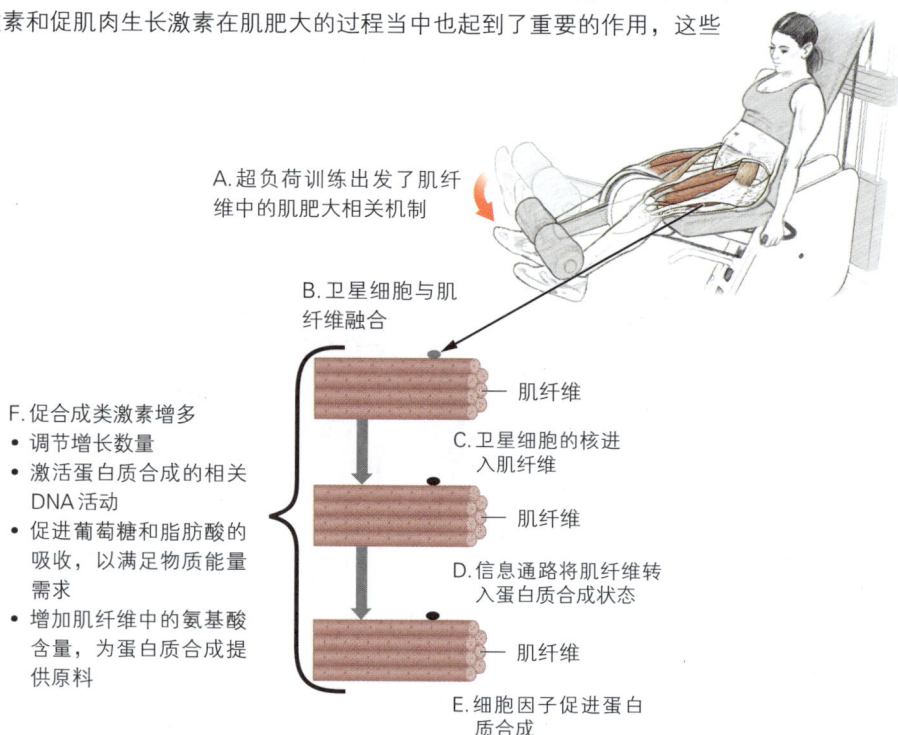

A. 超负荷训练出发了肌纤维中的肌肥大相关机制

B. 卫星细胞与肌纤维融合

肌纤维

C. 卫星细胞的核进入肌纤维

肌纤维

F. 促合成类激素增多
• 调节增长数量
• 激活蛋白质合成的相关DNA活动
• 促进葡萄糖和脂肪酸的吸收，以满足物质能量需求
• 增加肌纤维中的氨基酸含量，为蛋白质合成提供原料

D. 信息通路将肌纤维转入蛋白质合成状态

肌纤维

E. 细胞因子促进蛋白质合成

图9.0 促进肌肉增大的细胞信息通路、细胞因子和激素

激素包括胰岛素生长因子、睾酮以及生长激素（Schoenfield, 2010）。

对肌肉的体积增大，离心训练比向心训练作用更大。在训练计划中没有离心训练动作时，理想的肌肥大效果无法实现（Schoenfield, 2011）。就运动刺激而言，离心训练很少造成肌肉损伤，不会限制短期运动表现。而从长期角度来看，延迟性肌肉酸痛（Delayed Onset Muscle Soreness）增加了局部炎性变化以及蛋白质的运输，最终引起机体对于肌肥大的生理学适应。这种长期适应的基本原理是肌肉组织为避免受伤而变得更强大（Schoenfield, 2011）。

训练方案设计

在执行训练计划之前，需要加入以下两部分内容。

1. 全身性热身运动：运动员必须完成5 ~ 10分钟有氧热身。（例如，骑单车、划船、走路、跑步、使用椭圆机或者其他多关节运动）。

2. 针对训练部位的热身运动：运动员以平时能举起的50% ~ 60%重量，完成1 ~ 2组传统热身运动（先离心后向心）。目的是预热关节部位，包括肌腱、韧带、滑液以及关节周围的肌肉和筋膜。

为了实现增加肌肉维度的目标，通常采用离心训练。然而，只采用离心训练可能会导致肌肉酸痛以及神经疲劳。所以应当将向心训练和离心训练有机结合。

使用3种离心训练方法，能更好地增肌（肌肥大）。制订计划时，每个动作2 ~ 4组，每组8 ~ 12次。美国国家体能协会在2008年给出的训练指导中，建议我们采用1RM的70% ~ 85%重量，组间休息60 ~ 90秒。研究指出，多关节运动比单关节运动更能促进促合成激素含量的增加，所以，多关节运动应当被优先考虑（Hansen, Kvorning, Kjaer & Sjogaard, 2001）。

训练方法应用

下面给出一些优化阻力训练的说明。

- 向心–离心训练法（CON–ECC）：先做1 ~ 2秒的向心动作，再做1 ~ 2秒的离心动作。
- 慢速离心训练法（EE）：先做1秒向心动作，再做3 ~ 4秒离心动作。
- 超负荷离心训练法（SUP）：105% ~ 125%最大重复次数（1 ~ 10RM）。
- 双起/单下离心训练法（2UP/1DN）：完成40% ~ 50%最大重复次数（1 ~ 10RM），教练也可以加入双侧交替训练以及单侧训练。

教练应当根据客户的需求和目标适时修改训练计划。后文中列举的多种替代训练给教练提供了多种选择，其中有6种上半身训练以及6种下半身训练，每一种训练过程有详细阐述。

大多数竞技性运动员和健美运动员都知道休息对运动表现和肌肉生长的重要性。恢复的过程也是机体适应运动强度的过程。在这个过程中，机体自我修复然后变强、变壮。因此，应当将休息日和训练日一视同仁。如果没有足够的休息，运动员会出现过度训练综合征的症状，包括灰心丧气、虚弱无力、沮丧、伤病以及运动表现下降。为了避免上述症状的出现，实现训练效益最大化，请给客户足够的时间休息、恢复。

小结

　　运动员的年龄、训练水平、激素水平、性别以及忍耐力不同，增肌训练的生理反应也有所不同。抗阻训练会产生如细胞信息通路、细胞因子、激素等多方面的生理适应，促进肌肉生长，独特的信号通路将肌细胞切换至蛋白质合成活跃状态。教练需要了解这一系列使肌肉增大的生理学基础知识，然后根据客户情况制订计划。

　　本章后文将阐述增肌训练动作、训练课安排，并在之后给出变换练习。

增肌训练动作

增肌训练中需要完成训练动作，并配以合适的训练量。另外，组间休息十分重要。对于高阶训练者来说，较短的训练时间（少于60秒）可以促进激素的合成。同时，训练者要保证有足够的休息时间，同时遵循相关的营养建议。表9.1为增肌训练动作。

表9.1 增肌训练动作

上半身	下半身
器械胸部推举	史密斯机深蹲
坐姿肩部推举	杠铃早安式练习
单臂哑铃划船	保加利亚弓步蹲
哑铃推送	单腿伸展
斜托弯举	俯卧单腿腘绳肌弯举
器械肱三头肌伸展	驴式提踵

器械胸部推举

（2UP/1DN、CON-ECC、EE或SUP）

开始姿势

1. 坐在胸部推举机上，选择合适的负荷。
2. 手掌掌心向下，水平握住手柄。
3. 弯曲手肘，使得前臂与地面接近平行。

开始姿势见图9.1a。

图9.1a 器械胸部推举的开始姿势

教练建议

- 站在客户前方，指引其推手柄至手臂伸直。
- 在器械允许的条件下，可指导客户将正握变为对握。

练习动作

1. 将手柄从胸部往外推，直到手臂完全伸直。不要锁住肘关节。
2. 慢慢将手柄放回胸部位置。
3. 完成计划的动作次数。

结束姿势见图9.1b。

图9.1b 器械胸部推举的结束姿势

运动表现提升技巧

- 当将手柄推到与胸部在一条直线上时，要注意主动用力收缩胸肌。
- 在运动过程中保持良好的姿势。
- 挺胸，核心收紧。

坐姿肩部推举

（2UP/1DN、CON-ECC、EE或SUP）

开始姿势

1. 坐在肩部推举器械上。
2. 手掌掌心向前抓住手柄，手掌应握得靠外一些。

开始姿势见图9.2a。

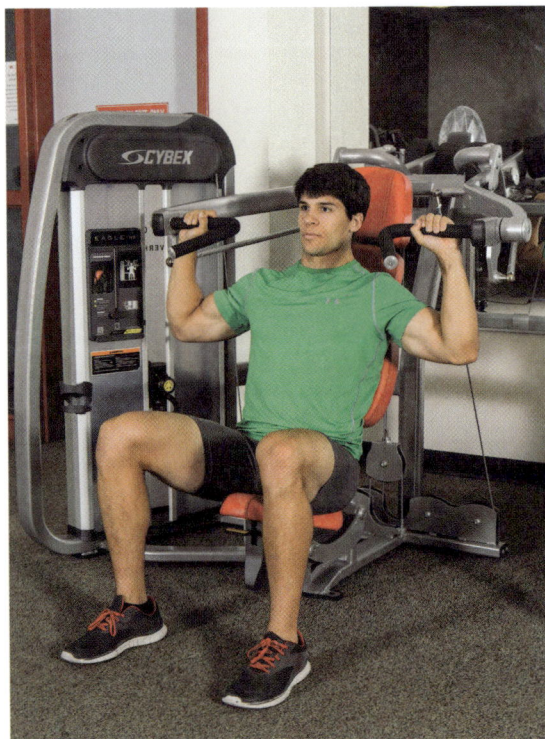

图9.2a　坐姿肩部推举的开始姿势

教练建议

- 站在客户前方。随着负荷增大，可以帮助客户完成向上动作。
- 要求客户尝试双手交替练习。有时也可以要求客户使用单臂完成离心训练！

练习动作

1. 推举手柄直到双臂完全伸直，不要锁住肘关节。
2. 慢慢放回手柄至开始位置。重复训练。

结束姿势见图9.2b。

图9.2b　坐姿肩部推举的结束姿势

运动表现提升技巧

- 在练习的过程中，保持脊柱中立位，收紧核心肌肉保持动作稳定。
- 体验不同的握法（例如，手掌掌心向内或掌心向外）进行练习。

单臂哑铃划船

（CON-ECC、EE或SUP）

开始姿势

1. 单手握住哑铃。
2. 握哑铃手对侧的腿跪于长凳，且对侧的手放在长凳上作支撑。
3. 躯干保持稳定。
4. 一侧腿跪于凳子上时，另一侧手握住哑铃。

开始姿势见图9.3a。

图9.3a 单臂哑铃划船的开始姿势

教练建议

- 站在侧面观察客户，确保客户背部平直，或者说保持脊柱中立位。
- 提醒客户专注于用背部肌肉发力而不是肱二头肌。

练习动作

1. 保持背部支撑，将哑铃往腹部的中间位置上提。

2. 在动作的顶部稍做停留，接着慢慢将哑铃下放回开始位置。

结束姿势见图9.3b。

图9.3b 单臂哑铃划船的结束姿势

运动表现提升技巧

- 在每次动作中专注于收缩背阔肌。
- 保持背部平直，核心收紧。
- 在下放哑铃的过程中，要注重拉伸背阔肌。

哑铃推送

（2UP/1DN、CON-ECC、EE或SUP）

开始姿势

1. 平躺在长凳上，双手从后面或侧面抓住哑铃。
2. 双手抓住哑铃的铃片，将其置于胸部正上方，并微屈肘关节。

开始姿势见图9.4a。

图9.4a 哑铃推送的开始姿势

教练建议

- 选择合适重量的哑铃，在结束姿势感受到适当强度的肌肉拉伸，而过重的哑铃会导致糟糕的动作表现，甚至身体受伤。
- 从客户身后观察。指导客户将哑铃从最低点回拉到开始位置。

练习动作

1. 将哑铃从头部上方下放，直到上臂与躯干在一条直线上。可以再进一步伸展双臂，在最低点获得更强的拉伸感。

2. 将哑铃回拉到胸部上方的开始位置。

结束姿势见图9.4b。

图9.4b 哑铃推送的结束姿势

运动表现提升技巧

- 以轻哑铃开始，注意体会结束姿势肌肉拉伸的感觉。
- 肩胛骨紧贴长凳。

9.5 斜托弯举

（2UP/1DN、CON-ECC、EE或SUP）

开始姿势

1. 坐在坐姿托板弯举机上，双臂背面放在托板上。
2. 反握杠铃。

开始姿势见图9.5a。

图9.5a 斜托弯举的开始姿势

教练建议

- 确保客户坐直，同时双臂放在托板上。
- 站在客户前面观察其动作，根据客户的需要，保护和指导其完成动作。

练习动作

1. 将杠铃向肩部举起，在动作的顶部用力收缩肱二头肌。
2. 将杠铃放回开始位置。

结束姿势见图9.5b。

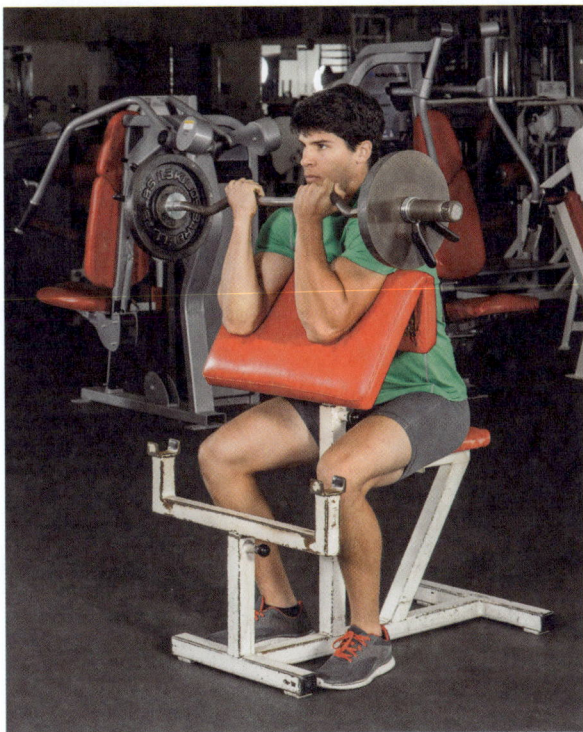

图9.5b　斜托弯举的结束姿势

运动表现提升技巧

- 调整座椅的高度使腋窝可以放在托板的顶部。
- 上臂在运动过程中须保持接触托板。

9.6 器械肱三头肌伸展

（2UP/1DN、CON-ECC、EE或SUP）

开始姿势

1. 坐在训练机上。
2. 抓握手柄，上臂放在托板上。

开始姿势见图9.6a。

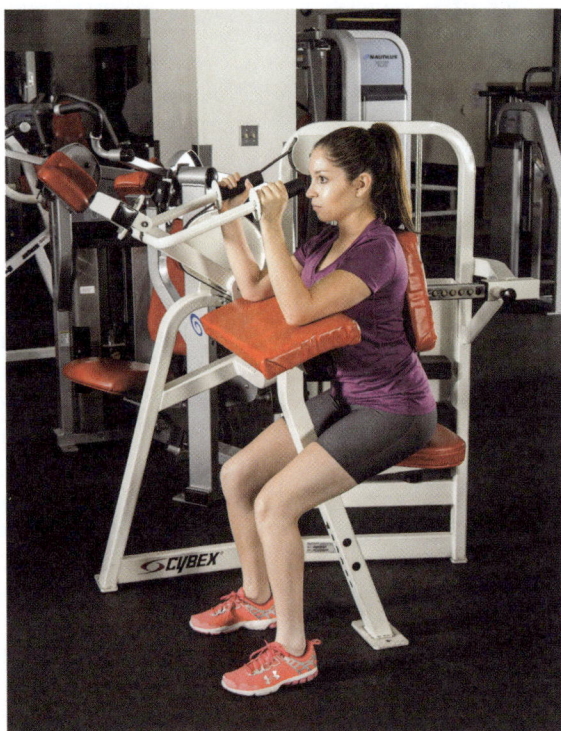

图9.6a　器械肱三头肌伸展的开始姿势

教练建议

- 确保客户的上臂置于托板上。
- 当客户训练越来越轻松时，可以增加训练负荷。
- 2UP/1DN非常适用于这个训练，因为其容易完成且可循序渐进地增加负荷。

练习动作

1. 手臂平放在托板上，向下推手柄直到双臂完全伸直。不要锁住肘关节。

2. 反向拉手柄，慢慢回到开始位置。

结束姿势见图9.6b。

图9.6b 器械肱三头肌伸展的结束姿势

运动表现提升技巧

- 由较轻负荷开始训练。
- 手臂要保持一直接触托板。
- 保持核心肌群收紧！

史密斯机深蹲

（CON-ECC、EE或SUP）

开始姿势

1. 站在史密斯机下方，将杠铃放在肩胛骨上方的斜方肌上。
2. 站直，在起身时解除杠铃挂钩锁定。
3. 站直，杠铃位于肩膀上，双脚位于躯干前方，以便完成后蹲动作。
4. 双脚分开与肩同宽。
5. 在开始运动之前，身体重心放在脚踝正上方。

开始姿势见图9.7a。

图9.7a 史密斯机深蹲的开始姿势

教练建议

- 帮助客户安全地放下杠铃。
- 以一个宽站距站在客户身后并做好帮助客户深蹲的准备。
- 双手放在客户胸腔的下方，同时做好保护客户完成深蹲动作的准备。
- 与客户一起完成训练动作。
- 在观察深蹲的客户时，可以帮助客户选择适合其力量水平的负荷。客户须能够自己完成训练；教练须协助纠正错误的动作以避免客户受伤。
- 协助客户放回杠铃，挂好安全钩。

练习动作

1. 屈髋屈膝，直至大腿和小腿成90度，能力更强者可继续下蹲，达到自己最大活动范围。在下蹲的过程中，保持脊柱中立位。在到达动作底部时，腘绳肌有拉伸感。

2. 到达深蹲动作底部时，可以使用臀大肌、腘绳肌和股四头肌的力量回到动作开始姿势。

3. 在整个运动过程中脚后跟必须保持不离开地面，这样做可以将重心保持在脚踝上方。

4. 向上运动由脚后跟驱动。

5. 完成了计划的训练次数后，将安全钩挂好。

结束姿势见图9.7b。

图9.7b　史密斯机深蹲的结束姿势

运动表现提升技巧

- 在深蹲的整个过程中，脚后跟必须稳稳地定在地面上。
- 双膝与脚踝在一条直线上。
- 头部与颈部保持自然姿势。
- 保持核心肌肉收紧！

开始姿势

1. 一开始将杠铃放在肩膀上方。
2. 宽握，以便更稳地抓握。
3. 保持挺胸，收紧核心。

开始姿势见图9.8a。

图9.8a 杠铃早安式练习的开始姿势

教练建议

- 如果客户没有使用深蹲架，那么可以帮助客户将杠铃放在其肩膀上。
- 在客户练习动作时，可以站在其身后，握住杠铃同时指引客户按照正确的动作完成训练。

练习动作

1. 臀部后顶，屈髋弯腰。
2. 重心放在脚后跟上。躯干下降至与地面平行。保持背部平直。
3. 在回到开始姿势时，由脚后跟驱动并伸髋。

结束姿势见图9.8b。

图9.8b 杠铃早安式练习的结束姿势

运动表现提升技巧

- 保持背部平直，不要弓背！
- 保持核心收紧，挺胸，重心放在脚后跟上。

保加利亚弓步蹲

（CON-ECC、EE或SUP）

开始姿势

1. 站在2 ~ 3英尺（1英尺≈0.305米）高的平凳前面。
2. 双手分别握住一个哑铃，一只脚的脚背放在平凳上，与对侧的腿保持弓步姿势。
3. 前方着地腿的踝关节必须与膝关节在一条直线上。

开始姿势见图9.9a。

图9.9a 保加利亚弓步蹲的开始姿势

教练建议

- 客户的开始姿势正确之后，递给客户哑铃。
- 站在侧面，确保客户的前腿保持膝关节与踝关节在一条直线上。
- 确保客户的前腿膝关节不会超过脚尖。

练习动作

1. 前腿慢慢屈膝并将重心放在脚后跟上。
2. 向下运动，直至感到完全拉伸。
3. 收缩臀大肌和腘绳肌，回到开始姿势。
4. 换边并重复训练。

结束姿势见图9.9b。

图9.9b　保加利亚弓步蹲的结束姿势

运动表现提升技巧

● 前腿膝关节和踝关节始终在一条直线上。
● 腘绳肌和髋屈肌要有拉伸感。
● 以轻哑铃开始练习。

单腿伸展

（CON-ECC、EE或SUP）

开始姿势

1. 坐在器械上，软垫放在小腿上部。有些器械可以练习单腿伸展。
2. 开始姿势中，大腿和小腿成90度。

开始姿势见图9.10a。

图9.10a 单腿伸展的开始姿势

教练建议

- 在训练开始之前调整好正确的软垫位置。
- 将靠背调整到完全支撑客户背部的位置。
- 全程观察客户动作，指导客户在动作返回阶段避免膝盖过伸复位和放下速度过快。
- 可以要求客户将脚尖朝不同的角度来变换练习（例如，脚尖向外、向内以及标准位）。

练习动作

1. 使用股四头肌完全伸直一条腿。膝盖处于中立位，避免锁住膝关节或膝关节过伸。
2. 慢慢将腿放回开始位置。保持肌肉持续收缩，避免让负荷落在器械上。

结束姿势见图9.10b。

图9.10b 单腿伸展的结束姿势

运动表现提升技巧

- 一开始使用较轻的负荷。
- 这是一个独立训练动作，因此，不要过于关注增加负荷，重点关注运动过程中肌肉收缩的感觉。
- 不要过伸或锁住膝关节。

俯卧单腿腘绳肌弯举

（CON-ECC、EE或SUP）

开始姿势

1. 调整器械高度，俯卧在屈腿训练器械上，软垫放在一条腿的小腿靠近脚踝的位置。

2. 腹部平躺在椅子上，完全伸直一条腿。使背屈以增加对腘绳肌的募集。根据器械的不同，没有参加训练的腿放在器械下或训练腿的旁边。

开始姿势见图9.11a。

图9.11a　俯卧单腿腘绳肌弯举的开始姿势

教练建议

- 在客户开始训练之前，确保软垫位于恰当的位置。
- 监督客户完成全程动作，在动作的顶部完全收缩腘绳肌，并在动作底部拉伸腘绳肌。

练习动作

1. 收缩腘绳肌，将腿向上弯举到腘绳肌完全收缩位置。大腿、髋关节和小腿必须贴紧器械。

2. 拉伸腘绳肌，伸膝回到开始姿势。

结束姿势见图9.11b。

图9.11b 俯卧单腿腘绳肌弯举的结束姿势

运动表现提升技巧

- 脚踝背屈，增加腘绳肌收缩。

- 注意负荷，在训练时要以腘绳肌发力为主——身体不要晃动，不要用下背部运动代偿。

9.12

驴式提踵

（2UP/1DN、CON-ECC、EE或SUP）

开始姿势

1. 前臂支撑放于软垫上，腰背挺直，屈髋（示范动作中搭档骑在训练者背上，以协助完成训练）。

2. 前脚掌放在垫高的台阶上，脚后跟悬空。双膝微屈，双脚站距与肩等宽。

开始姿势见图9.12a。

图9.12a　驴式提踵的开始姿势

教练建议

- 如果没有驴式提踵机器，可以让一名搭档骑在背上完成训练。
- 要求客户使用2UP/1DN来增加难度。

练习动作

1. 提踵，小腿肌肉完全收缩。
2. 下放脚后跟，直至小腿肌肉完全拉伸。重复动作。

结束姿势见图9.12b。

图9.12b 驴式提踵的结束姿势

运动表现提升技巧

- 从轻负荷开始练习。
- 膝关节保持微屈。

上半身和下半身的增肌训练课安排

表9.2给出了一个全身训练计划。每次训练后应休息48 ~ 72小时。因此，建议周一、周三训练上半身，周二、周四训练下半身，周三和周六加入有氧训练以及拉伸训练。

案例研究：客户特征和目标

埃里克今年24岁，拥有MBA学位，刚刚在一家投资公司找到第一份工作。他身高180厘米，体重74.8千克。大学期间他是一名力量训练者，现在他想增肌。进入大学后，他一直进行有规律的有氧训练，每周完成3 ~ 4次持续时间35分钟的单车运动或跑步。埃里克的目标是在未来1年内增加10磅（大约4.54千克）左右的肌肉。在他住的公寓大楼内，有一家设施齐全的健身房。埃里克偶尔在跑步后感到脚部疼痛，但是从未找过治疗师。之前的体测结果显示他的核心力量比较弱。

训练计划第一周是过渡性的适应训练，包含1 ~ 2组向心 – 离心训练法（CON–ECC）以及慢速离心训练法（EE）表9.2为以离心训练为主的为期三周（中周期）的增肌训练计划。

表9.2　以离心训练为主的为期三周（中周期）的增肌训练计划

星期	练习	组数	重复次数或持续时间	技术
星期一	器械胸部推举	3 ~ 4	8 ~ 12	EE
	史密斯机上斜卧推	3 ~ 4	8 ~ 12	2UP/1DN
	坐姿绳索划船	3 ~ 4	8 ~ 12	2UP/1DN
	哑铃推送	3 ~ 4	8 ~ 12	EE
星期二	史密斯机深蹲	3 ~ 4	8 ~ 12	EE
	保加利亚弓步蹲	3 ~ 4	8 ~ 12	EE
	杠铃早安式练习	3 ~ 4	8 ~ 12	2UP/1DN
	单腿伸展	3 ~ 4	8 ~ 12	2UP/1DN
	腘绳肌弯曲	3 ~ 4	8 ~ 12	2UP/1DN
星期三	坐姿肩部推举	3 ~ 4	8 ~ 12	EE
	哑铃侧平举	3 ~ 4	8 ~ 12	EE
	斜托弯举	3 ~ 4	8 ~ 12	2UP/1DN
	器械肱三头肌伸展	3 ~ 4	8 ~ 12	EE
星期四	靠背蹬腿	3 ~ 4	2 ~ 3	SUP
	定腿硬拉	3 ~ 4	8 ~ 12	EE
	驴式提踵	3 ~ 4	8 ~ 12	2UP/1DN
	平板支撑	3 ~ 4	60秒	
	悬垂抬腿	3 ~ 4	8 ~ 12	EE
星期五	休息			
星期六	卧推	3 ~ 4	2 ~ 3	SUP
	宽握背阔肌下拉	3 ~ 4	8 ~ 12	EE
	坐姿肩上推举	3 ~ 4	8 ~ 12	2UP/1DN
	杠铃屈臂	3 ~ 4	2 ~ 3	SUP
	肱三头肌绳索下压	3 ~ 4	8 ~ 12	EE
星期天	休息			

表9.3列出了训练动作及其变换练习。适时变换训练动作可以增加训练的多变性，以更好地满足客户的需求和目的。变换练习可以给肌肉带来不同的刺激，是增强我们身体素质很好的方法。教练需要根据客户的状态以及训练水平的变化，适时调整训练计划，以帮助客户最大限度地在训练中获益。

表9.3　训练动作对应的变换练习

训练部位	训练动作	变换练习
上半身增肌训练	器械胸部推举	杠铃卧推；哑铃卧推；哑铃飞鸟
	坐姿肩部推举	哑铃肩上推举；杠铃过头上举；哑铃侧平举
	单臂哑铃划船	坐姿器械划船；坐姿绳索划船；俯身杠铃划船
	哑铃推送	使用绳子或直杠直臂下拉；背阔肌下拉；引体向上
	斜托弯举	杠铃或哑铃托板弯举；哑铃交替弯举；锤式弯举
	器械肱三头肌伸展	使用绳子或直杠直臂下拉；过顶哑铃伸展；仰卧肱三头肌伸展（杠铃或哑铃）
下半身增肌训练	史密斯机深蹲	杠铃前蹲；杠铃后蹲；过顶杠铃深蹲；靠背蹬腿；其他深蹲变式
	杠铃早安式练习	定腿硬拉；腘绳肌臀部上举；腘绳肌弯曲；俯卧抬腿；臀肌屈伸；负重臀桥
	保加利亚弓步蹲	标准行进弓步；杠铃弓步；靠背蹬腿
	单腿伸展	双腿伸膝；行进弓步；靠背蹬腿
	俯卧单腿腘绳肌弯举	坐姿腿部弯举；仰卧屈腿；反向腘绳肌臀部上举；单脚或双脚瑞士球腘绳肌弯曲
	驴式提踵	坐姿提踵；站姿提踵I；跳箱练习或纵跳（负重或不负重）；单腿提踵

计划 A

① 器械胸部推举

② 坐姿肩部推举

③ 单臂哑铃划船

④ 哑铃推送

⑤ 斜托弯举

⑥ 器械肱三头肌伸展

计划B

① 哑铃推送

② 单臂哑铃划船

③ 器械胸部推举

④ 坐姿肩部推举

⑤ 器械肱三头肌伸展

⑥ 斜托弯举

下半身增肌训练

计划A

① 史密斯机深蹲

② 杠铃早安式练习

③ 保加利亚弓步蹲

④ 单腿伸展

⑤ 俯卧单腿腘绳肌弯举

⑥ 驴式提踵

计划B

1 驴式提踵

2 俯卧单腿腘绳肌弯举

3 单腿伸展

4 史密斯机深蹲

5 保加利亚弓步蹲

6 杠铃早安式练习

第10章　离心训练和康复

为了更好地阐述离心训练和康复之间的关系，我们先为大家介绍主要结缔组织的结构和功能，其中包括肌腱、韧带以及筋膜。我们还归纳了离心训练与康复结合的相关研究成果以供大家参考。

肌腱

肌肉通过肌腱附着在骨头上。肌肉发力，通过肌腱传导至骨头，然后产生了运动。肌腱的主要成分是以波浪状排列成束的胶原蛋白。胶原蛋白是一种非弹性、具有极高抗张强度的物质，其伸展性几乎为零。胶原蛋白是体内含量最多的蛋白质，分布于大多数身体组织。另一个为肌腱提供强大抗张强度的成分是基质（Ground Substance）。基质是一种非纤维性物质，结构稳定且坚固。

韧带

与肌腱不同，韧带两端连接着骨头。所以说，韧带是骨与骨之间连接的媒介。像肌腱一样，韧带也是由大量平行排列的胶原纤维束组成的。由于所连接的骨头形状不同，韧带的形状也有很多种，有薄片状、粗线状以及带状。韧带还集合了大量弹性蛋白，这种蛋白具有极其复杂的生化成分，使得韧带具有极强的延展性和可恢复性。这些特性使得韧带既有支持作用，也有限制作用。

筋膜

筋膜（fascia）是一个拉丁词汇，意思是绷带或带子。从传统解剖学的角度来看，它是指一些没有特定名称的结缔组织，是一个广义的词汇。根据功能需求不同，筋膜的形状和厚度也不同。筋膜主要有三个功能：① 构成肌肉的框架，使其具有稳定性；② 稳定、有效地传导肌肉产生的力量；③ 分隔组织和器官，使其各司其职。

在康复治疗中使用离心训练的可行性

越来越多的研究表明，不同年龄、健康水平的人使用由离心训练主导的康复训练是更安全、有效的。离心抗阻训练被证明可以改善身体功能、提高生活质量，对慢性和急性损伤都有很好的康复效果（LaStayo et al., 2014）。教练应当多查阅有关离心训练以及康复训练的前沿文献。下文引用部分研究成果进行分析讨论。

关于前交叉韧带重建术（ACLR）术后康复的讨论和研究，是当前物理治疗领域的热点。研究人员一直在寻找前交叉韧带重建后安全、有效的康复手段。研究表明，患者需要在术后很短的时间内就开始肌肉的渐进超负荷训练。格伯等人（2009年）发现，进行了12周的离心训练（从术后第3周开始康复训练）的患者，相比经过传统康复训练的患者，其股四头肌和臀大肌体积增大更多，在总体功能表现上也更优。

一项时长为1年的跟踪研究发现，相比对照组，经过离心训练的实验组的成员臀大肌和股四头肌体积增大超过50%，总体身体功能也比对照组更强。这些研究结果表明，术后早期离心训练对前交叉韧带重建术后康复很重要。

另一种常见的运动损伤是髌腱痛，亦被称为"跳跃膝"。这种损伤在运动员中很常见，尤其是高水平足球、篮球、排球运动员（Lian, Engebretsen & Bahr, 2005）。跳跃膝可以通过手术治疗，也可以通过离心训练进行康复治疗。一项12周离心训练干预的研究（研究对象多为男性，运动水平参差不齐）表明，采用离心训练进行运动康复和采用手术治疗并无显著差异，手术治疗和离心训练康复都改善了膝关节功能（Bahr, Bjorn, Sverre & Engebretsen, 2006）。研究人员认为，患者应当优先考虑低风险、低费用的离心训练。

阿尔弗雷德松对跟腱中段病变的研究发现，小腿的离心训练可以产生很好的短期临床效果，有时会让后期手术变得没必要。他同时指出，在后期康复训练的过程中，应该通过适时评估患者的关节活动范围（ROM）、肌力以及功能运动，密切监控患者的康复过程。离心训练为客户的康复训练提供了一条新的思路。

训练方案设计

在执行训练计划之前，需要加入以下两部分内容。

1. 全身性热身运动：5 ~ 10分钟有氧热身。（例如骑单车、划船、走路、跑步、使用椭圆机训练或者其他多关节运动）。

2. 针对康复训练的特定热身运动：训练者应在当前能完成的ROM中运动，使关节及其周围组织为后续的离心训练做好准备。

针对康复训练，我们建议将向心–离心训练法、超负荷离心训练法、慢速离心训练法以及双起/单下离心训练法结合运用。在制订运动处方前，教练应当与客户的物理治疗师和医师交流沟通。

训练强度要根据客户的承受度和损伤恢复程度，从低强度过渡到中强度，最后到高强度。训练可能会引起客户的轻微不适，疼痛是停止训练的信号。

康复训练的训练量应当设置为2 ~ 3组，每组10 ~ 15次。康复训练应当每天进行，有时每天会训练2次以上。

训练方法应用

下面是一些优化阻力训练的说明。

- 向心–离心训练法（CON-ECC）：先做1 ~ 2秒的向心动作，再做1 ~ 2秒的离心动作。
- 慢速离心训练法（EE）：先做1秒向心动作，再做3 ~ 4秒离心动作。
- 超负荷离心训练法（SUP）：105% ~ 125%最大重复次数（1 ~ 10RM）。
- 双起/单下离心训练法（2UP/1DN）：40% ~ 50%最大重复次数（1 ~ 10RM），教练可以搭配双侧交替训练以及单侧训练。

教练应当根据客户的需求和目标适时变换训练动作。后文列举的动作为教练提供了多种选择，其中有5种上半身训练以及5种下半身训练，每一种训练过程有详细阐述。

小结

上文中提到的研究成果表明，递增负荷的离心训练好处很多，包括减少疼痛、改善身体功能以及提升训练者整体身体素质（LaStayo et al., 2014）。尽管本章着重于介绍离心训练，但是文献同时指出，一个康复训练计划应当同时包含向心训练和离心训练。我们的目标是通过循序渐进的刺激，完成运动干预，最终使患者回归正常体力活动和训练中。

本章接下来将阐述康复训练动作、训练课安排以及变换练习。

康复训练动作

离心训练是用于训练中出现的骨骼肌肉损伤的有效治疗方法。合格的训练计划应该同时考虑多个训练变量：负荷（Load）、强度（Intensity）、频率（Frequency）以及训练量（Volume）。另外需要额外注意关节活动范围（ROM），以一个合适的活动范围完成动作，对关节周围的结缔组织有正面作用，而且可以增加关节的稳定性。

"最适宜"是康复训练的关键。负荷过重，训练者也许就不能在全部的活动范围内完成动作。而在最佳的活动范围内运动，可以增加动作的有效性，还可以预防损伤。

表10.1列出了一些可以在离心训练中加入的康复训练动作。相关动作的详细介绍请见后文。很多运动康复专家从关节活动的角度来设计训练计划，我们也从这个角度入手。

表10.1　康复训练动作

上半身	下半身
侧卧肩部哑铃外旋	站姿提踵Ⅱ
屈肩屈肘肩内收	北欧式屈膝
前臂伸展	斜板下蹲
仰卧伸臂	坐姿屈膝
单臂前平举	靠墙仰卧腿内收

侧卧肩部哑铃外旋

（CON-ECC、EE或SUP）

开始姿势

1. 身体侧卧，上侧手握住哑铃，肘关节弯曲90度，肩关节外旋。
2. 握哑铃手的前臂应与地面垂直。

开始姿势见图10.1a。

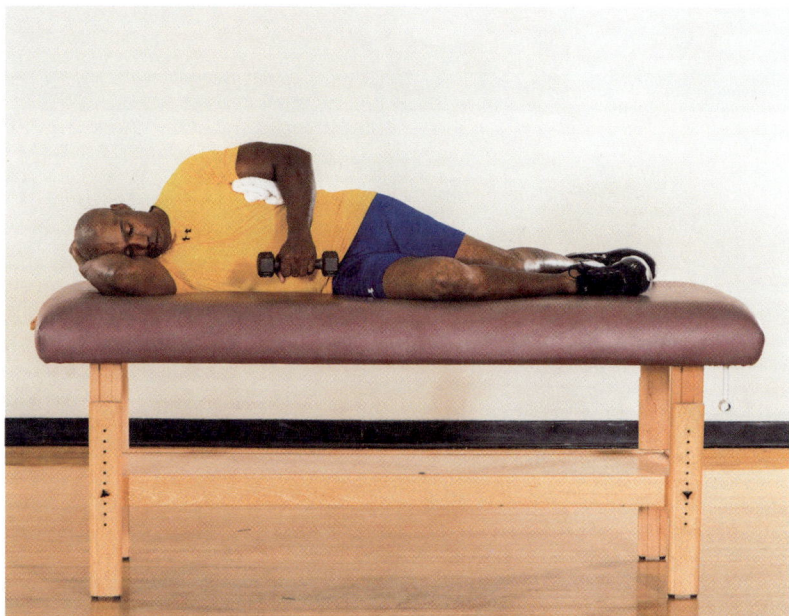

图10.1a 侧卧肩部哑铃外旋的开始姿势

教练建议

● 站在客户前方。
● 在每次动作的离心阶段，观察并帮助客户将哑铃放回开始位置。

练习动作

1. 慢慢下放手臂，达到肩关节内旋最大限度。
2. 可以使用对侧手帮助训练的手返回开始位置。

结束姿势见图 10.1b。

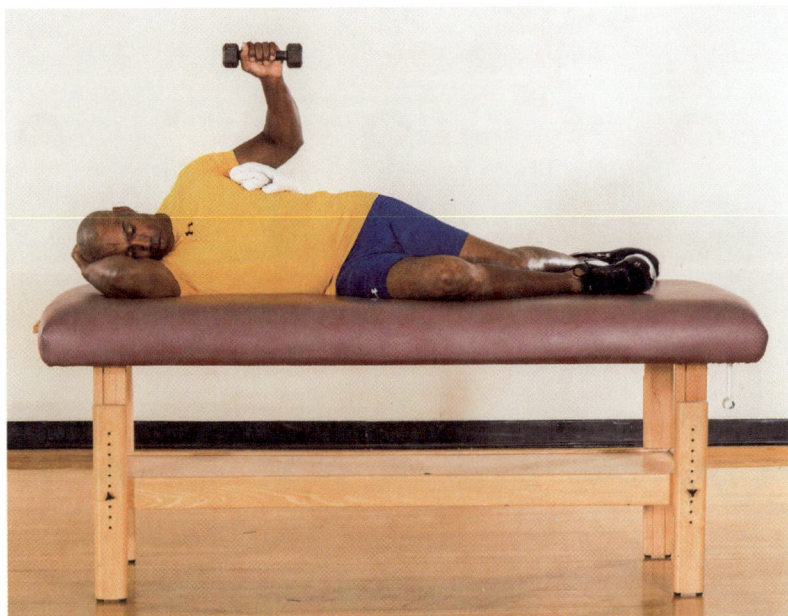

图 10.1b 侧卧肩部哑铃外旋的结束姿势

运动表现提升技巧

- 注意训练离心阶段。
- 在训练过程中，保持身体稳定。

屈肩屈肘肩内收

（CON-ECC或EE）

开始姿势

1. 单手握住一个哑铃，在另一只手的帮助下完成手臂在头顶伸展的动作。
2. 双脚分开与肩同宽，收紧核心保持身体平衡和脊柱稳定。

开始姿势见图10.2a，第二个姿势见图10.2b，第三个姿势见图10.2c。

图10.2a　屈肩屈肘肩内收的开始姿势

图10.2b　屈肩屈肘肩内收的第二个姿势

图10.2c　屈肩屈肘肩内收的第三个姿势

教练建议

- 站在客户前面，引导其手臂在练习过程中的下放路径。
- 当到达动作底部时，帮助客户将哑铃放回开始位置。

练习动作

1. 将上臂下放到体侧，与身体成90度角，屈肘90度。
2. 伸肘，直至前臂和上臂在一条直线上。
3. 慢慢将手臂下放到体侧。
4. 换边，回到开始姿势并重复训练。

第四个姿势见图10.2d，结束姿势见图10.2e。

图10.2d　屈肩屈肘肩内收的第四个姿势

图10.2e　屈肩屈肘肩内收的结束姿势

运动表现提升技巧

- 一开始使用较轻的哑铃。
- 注意速度要缓慢，控制下放动作。

10.3

前臂伸展

（CON-ECC、EE或SUP）

开始姿势

1. 一只手臂放在训练凳或治疗床上，手腕不要触碰凳子，该侧手握住一个较轻的哑铃。
2. 确保手腕可以在不触碰床沿的情况下自由移动。

开始姿势见图10.3a。

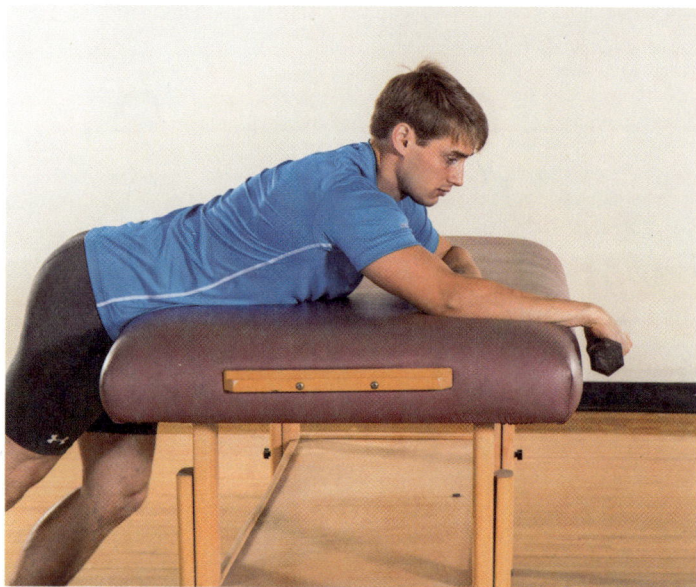

图10.3a　前臂伸展的开始姿势

教练建议

- 在离心训练阶段，帮助客户将哑铃放回开始位置。
- 前臂伸展使肌肉疲劳时，确保客户不会做扭腕的代偿动作。在需要的情况下，帮助客户完成动作。

练习动作

1. 手腕往上翻，直到腕部完全伸展，然后慢慢将哑铃下放。
2. 下放哑铃直到适宜的关节活动范围。
3. 在需要的情况下，使用另一只手辅助训练。

结束姿势见图10.3b。

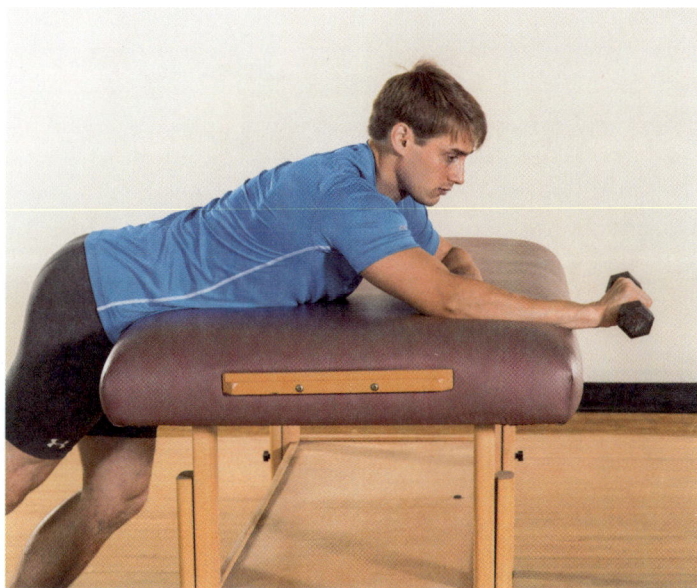

图10.3b　前臂伸展的结束姿势

运动表现提升技巧

- 一开始使用较轻的哑铃。
- 当训练变得没有难度时，可以逐渐增加负荷。

仰卧伸臂

（CON-ECC、EE或SUP）

开始姿势

1. 躺在长凳上，确保整个背部贴在凳面上。收紧核心肌肉以便保持脊柱稳定。在对肩关节有损伤的客户进行康复训练时，比较安全的做法是由教练将哑铃放至起始位置。随着力量和灵活性的改善，运动员可以自行完成动作。

2. 双手放在哑铃的铃片上，保持哑铃平衡。在训练过程中，肘关节微屈，同时避免肘关节锁住，否则肩部会承受很大压力。

备注：该动作和第182页哑铃推送动作看似一样，但动作要求不同。

开始姿势见图10.4a。

图10.4a 仰卧伸臂的开始姿势

教练建议

- 肩关节撞击综合征是肩部疼痛的一个常见病症。在客户尝试重新达到之前的关节活动范围（ROM）时，过顶运动会引发不适感。常与客户沟通可以确保训练的有效性，并避免客户受伤。

- 站在客户身后，指导其完成开始的几次训练。在动作的上升阶段辅助客户，要求客户重视动作的离心阶段。

练习动作

1. 尝试在未出现关节不适感的前提下，找到肩部拉伸感。缓慢地下放哑铃，直至手臂与躯干在一条直线上。

2. 慢慢将双臂上升至起始位置，核心收紧，不要弓背。

结束姿势见图10.4b。

图10.4b　仰卧伸臂的结束姿势

运动表现提升技巧

- 肩关节撞击综合征和相关损伤（例如肩周炎）的康复训练的主要目的是，在没有疼痛的情况下逐渐扩大动作活动范围，增强肩关节稳定性。
- 在最初的康复阶段，比较聪明的做法是不要进行太多次数的训练，以及更多地关注缓慢下放的离心阶段动作。这种方式可以更好地刺激肌肉，促进关节活动范围的恢复。

单臂前平举

（CON-ECC、EE或SUP）

开始姿势

1. 选择张力合适的弹力绳，在整个关节活动范围内进行训练。
2. 站立，将弹力绳踩在脚下。

开始姿势见图10.5a。

图10.5a 单臂前平举的开始姿势

教练建议

- 当客户感到疲劳时，可以辅助客户完成动作的向心阶段。
- 可以使用哑铃与杠铃，以变换训练方式。

练习动作

　　1. 训练侧的手握住弹力绳，手臂从身体前方提到肩膀高度。

　　2. 慢慢下放弹力绳到开始位置。

　　3. 在完成了一侧手臂的训练次数之后，换另一侧手臂重复训练。

结束姿势见图10.5b。

图10.5b　单臂前平举的结束姿势

运动表现提升技巧

- 在整个训练过程中保持手臂伸直。
- 收紧核心。
- 一开始可以使用张力较小的弹力绳，接着逐步增加负荷。

10.6

站姿提踵 II

（CON-ECC、EE或SUP）

开始姿势

1. 将小腿提踵器械软垫调整到合适的位置。
2. 肩膀位于软垫下方，脚尖朝前。前脚掌放在脚踏板上，脚后跟悬空。

开始姿势见图10.6a。

图10.6a 站姿提踵 II 的开始姿势

教练建议

- 这个训练有可能使下背部受伤，必须确保在整个运动过程中客户保持躯干挺直、双膝弯曲，核心肌群收紧。
- 如果客户存在下背部问题，最好选择坐姿提踵或坐姿腿伸展等训练。
- 确保客户完成最优的动作范围的训练。通常情况下，如果负荷太重，那么动作范围会缩小，从而减少了训练的作用。
- 在康复训练初级阶段，可以采用不增加负荷的方式练习。

222

练习动作

1. 肩膀靠在软垫下，收缩小腿肌肉，踮起脚尖。保持膝关节微屈——不要锁住膝关节。
2. 在提踵的过程中，尽可能地伸展脚踝。保持身躯和双膝稳定。动作全程围绕踝关节进行。
3. 慢慢下放小腿到开始位置，在动作的最后拉伸小腿。
4. 该训练适合使用2UP/1DN。在训练设备上增加负荷可以增加训练难度。

结束姿势见图10.6b。

图10.6b 站姿提踵II的结束姿势

运动表现提升技巧

- 在训练过程中，不要弓背，不要锁住膝关节。选择适当的负荷。
- 每次练习都要让肌肉完全收缩。
- 尝试改变放置脚的位置，以使肌肉获得不同刺激。

北欧式屈膝

（EE或SUP）

1. 一开始，双膝半跪，上半身直立。
2. 在搭档或教练的帮助下，固定双脚。

开始姿势见图10.7a。

图10.7a 北欧式屈膝的开始姿势

教练建议

- 对客户下肢施压，以便确保客户的脚固定在地面。
- 要求客户完成更长时间（再多2～3秒）下降阶段的离心训练，以增加运动难度。

练习动作

1. 慢慢将上半身下放到地面。收缩腘绳肌和臀大肌来控制动作——越慢越好。
2. 整个运动过程中保持躯干挺直。
3. 在动作最后，双手支撑身体，然后用手将自己推回开始位置。
4. 这个训练的重点在于离心下放阶段；向心阶段要采用助力，只是一个过渡阶段。

结束姿势见图10.7b。

图10.7b　北欧式屈膝的结束姿势

运动表现提升技巧

- 请保持专注。这个动作有一定的难度！
- 当躯干下放到垫子上时，屈肘。当接触垫子时，不要锁住肘关节。

10.8 斜板下蹲

（CON-ECC或EE）

开始姿势

1. 双脚站在25度倾角斜板上。

2. 髋关节微屈，臀部后坐以保持平衡。

3. 斜板训练对平衡性有一定要求。在训练过程中，使用3 ~ 4英尺高的木棒或PVC管协助自己保持平衡。

开始姿势见图10.8a。

图 10.8a　斜板下蹲的开始姿势

教练建议

- 观察客户的动作，要求客户重点控制动作，同时防止下背部过度弓起。确保客户在训练中双膝没有不适感。这个训练往往用于增强膝盖周围的肌肉力量。有些人膝盖周围的肌肉力量因跑跳动作太多而变弱（如排球运动员的跳跃膝）。
- 要求客户关注下降阶段的离心训练。在深蹲动作最低点加一个等距保持，可以增加动作难度。

练习动作

1. 在使用EE训练时，可以屈膝至90度，进行3秒的离心下蹲运动。

2. 伸膝，在1秒内回到站立姿势。

结束姿势见图10.8b。

图10.8b　斜板下蹲的结束姿势

运动表现提升技巧

- 先采用自重训练，重点放在训练的离心下蹲阶段。
- 随着动作越来越容易完成，疼痛感减轻，客户可以背上背包并逐步增加背包的重量。

坐姿屈膝

（2UP/1DN、CON-ECC、EE或SUP）

开始姿势

1. 调整器械软垫。
2. 坐下，后腰和肩膀紧贴靠垫，同时保持脊柱中立位。颈部保持放松，处于自然弯曲度。
3. 将脚踝后部放在软垫上。

开始姿势见图10.9a。

图10.9a 坐姿屈膝的开始姿势

教练建议

- 在训练过程中，检查客户身体的对齐情况。
- 帮助客户选择恰当的负荷，康复训练中选择10 ~ 15RM为宜。
- 当客户在训练中感到疲劳时，教练可以在下放阶段提供帮助。
- 使用2UP/1DN练习这个动作有一定的挑战性。训练左右腿的肌肉平衡是腘绳肌康复训练的有效方法。

练习动作

1. 选择恰当的负荷并坐在器械上，屈膝，强力收缩腘绳肌。
2. 慢慢回到开始姿势。

结束姿势见图10.9b。

图10.9b　坐姿屈膝的结束姿势

运动表现提升技巧

- 头部和颈部保持自然姿势（中立位）。
- 肩膀和下背部必须一直靠着靠垫，保持下背部处于中立位，避免在返回开始姿势时锁住膝关节。
- 在返回开始姿势时，重点是控制离心动作。
- 在抗阻训练中，当运动员可以越来越容易地完成动作时，可以逐渐增加阻力。

开始姿势

1. 背部贴地，平躺在地面上。
2. 双腿靠在墙壁上，腘绳肌、臀大肌和脚后跟触碰墙壁，双腿伸直。
开始姿势见图10.10a。

图10.10a　靠墙仰卧腿内收的开始姿势

教练建议

- 站在侧面观察客户，确保客户的双腿保持与墙壁接触。
- 当向心阶段训练越来越难时，鼓励客户使用双手辅助完成动作。

练习动作

1. 慢慢将双腿分开下放。
2. 双腿回到开始位置。
结束姿势见图10.10b。

图10.10b　靠墙仰卧腿内收的结束姿势

运动表现提升技巧

- 先采用自重训练。
- 当动作越来越难完成时，可以使用双手辅助完成向心部分训练。
- 当动作越来越容易完成时，可以在脚踝增加负荷。

上半身和下半身的康复训练课安排

肌肉、肌腱以及韧带的损伤常常采用抗阻训练进行康复，尤其是当损伤影响到关节活动以及肌肉功能时。应当从较轻负荷开始，逐渐增加负荷，以增强肌肉和关节结构的稳定程度。在康复训练的初始阶段，应当采用自重训练。教练应当考虑到客户的特殊状况。很多体弱、训练水平低的客户患有如2型糖尿病、慢性阻塞性肺病、心血管疾病以及神经系统病变。这些客户可能无法完成训练。因此，在指导这类客户训练时，应当逐渐增加负荷，以免客户出现不良反应以及运动损伤。

案例研究：客户特征和目标

罗斯玛丽，58岁，职业是会计，身高157.4厘米，体重67.6千克，体脂率约为35%。她长期处于久坐状态，最近被诊断患有2型糖尿病。医生要求她增加体力活动，同时指出如果她不改变这种生活方式，将会出现肌肉萎缩，最终可能危及生命。过去的2个月中，她开始了规律地步行，计步器显示她每天走约4 500步。她的目标是在3个月后每天走8 000步，同时增强基本的肌肉力量和肌肉耐力。她之前没有骨骼肌肉损伤史，然而在开始步行后，她有了轻微的足底筋膜炎以及轻微的左腘绳肌拉伤症状。

注意：第5章到第9章给出的是普遍适用于所有人的训练计划，而本章给出的训练计划是有针对性的训练计划。表10.2是以离心训练为主的为期三周（中周期）的康复训练计划。

表10.2 以离心训练为主的为期三周（中周期）的康复训练计划

星期	练习	组数	重复次数或持续时间	技术
星期一	机械胸部推举	1 ~ 2	10 ~ 15	EE
	宽握背阔肌下拉	1 ~ 2	10 ~ 15	EE
	坐姿肩部推举	1 ~ 2	10 ~ 15	EE
	哑铃交替弯举	1 ~ 2	10 ~ 15	EE
	肱三头肌绳索下压	1 ~ 2	10 ~ 15	EE
星期二	靠背蹬腿	1 ~ 2	10 ~ 15	EE
	坐姿侧身腘绳肌弯举	1 ~ 2	10 ~ 15	2UP/1DN
	腿部伸展	1 ~ 2	8 ~ 12	2UP/1DN
	站姿提踵 I	1 ~ 2	8 ~ 12	2UP/1DN
	平板支撑	1 ~ 2	30 ~ 60秒	
星期三	休息			
星期四	哑铃飞鸟	1 ~ 2	10 ~ 15	EE
	坐姿肩上推举	1 ~ 2	10 ~ 15	2UP/1DN
	坐姿绳索划船	1 ~ 2	10 ~ 15	2UP/1DN
	杠铃屈臂	1 ~ 2	10 ~ 15	EE
	器械肱三头肌伸展	1 ~ 2	10 ~ 15	EE
星期五	史密斯机深蹲	1 ~ 2	10 ~ 15	EE
	俯卧腘绳肌弯曲	1 ~ 2	10 ~ 15	CON-ECC
	行进弓步	1 ~ 2	10 ~ 15	EE
	站姿提踵 I	1 ~ 2	10 ~ 15	2UP/1DN
	靠墙仰卧腿内收	1 ~ 2	10 ~ 15	EE
星期六	有氧运动（低强度15 ~ 25分钟）全身伸展			
星期天	休息			

表10.3列出一系列变换练习，以增加训练课的趣味。大家要认识到加入离心训练的康复训练可以提高身体灵活性，并对预防老年人跌倒有积极作用。拉斯塔约等人2014年的研究指出，即使是没有跌倒风险的客户，也可以通过离心训练提升肌肉质量、力量和爆发力，为日常活动提供安全保障。

表10.3　训练动作对应的变换练习

训练部位	训练动作	变换练习
上半身 康复训练	侧卧肩部哑铃外旋	弹力绳替代哑铃
	屈肩屈肘肩内收	壶铃替代哑铃
	前臂伸展	壶铃替代哑铃
	仰卧伸臂	杠铃片替代哑铃
	单臂前平举	哑铃或壶铃替代弹力绳；双臂哑铃前平举
下半身 康复训练	站姿提踵Ⅱ	同侧2UP/1DN站姿提踵Ⅱ（第2章阐述）
	北欧式屈膝	反向腘绳肌臀部上举
	斜板下蹲	穿着加重背心或背着背包完成训练
	坐姿屈膝	双侧交替和同侧2UP/1DN坐姿屈膝（第2章阐述）
	靠墙仰卧腿内收	在脚踝增加负荷

计划A

① 斜板下蹲

② 单臂前平举

③ 坐姿屈膝

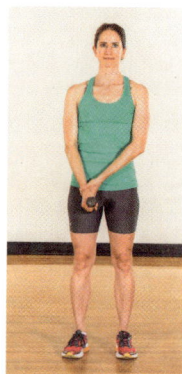

④ 屈肩肩肘肩内收

⑤ 站姿提踵Ⅱ

全身康复训练

计划B

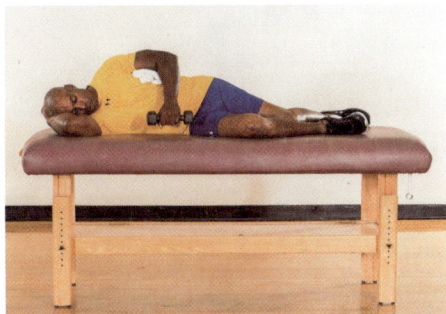

① 侧卧肩部哑铃外旋

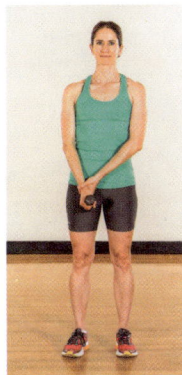

② 屈肩屈肘肩内收

③ 站姿提踵Ⅱ

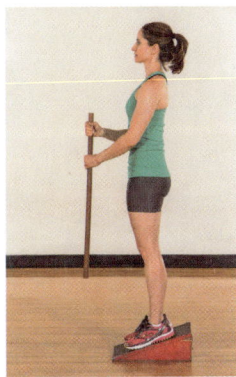

④ 斜板下蹲

⑤ 北欧式屈膝

计划C

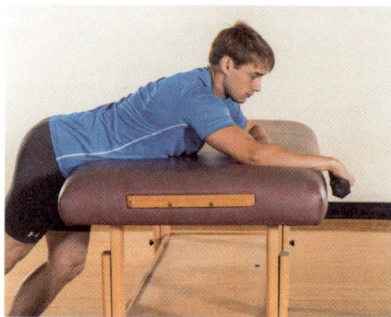

① 前臂伸展

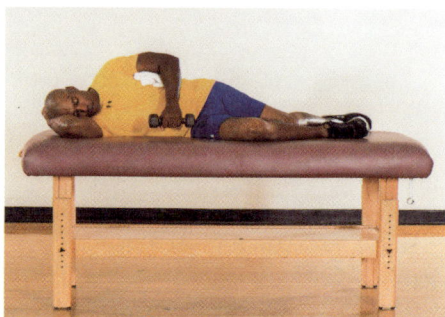

② 侧卧肩部哑铃外旋

③ 靠墙仰卧腿内收

④ 斜板下蹲

⑤ 坐姿屈膝

全身康复训练

计划D

① 北欧式屈膝

② 靠墙仰卧腿内收

③ 仰卧伸臂

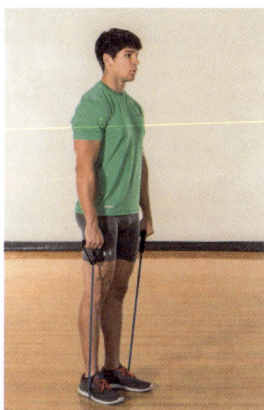

④ 单臂前平举

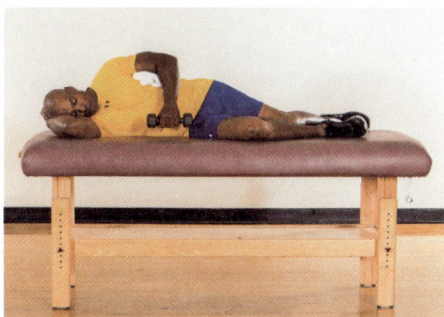

⑤ 侧卧肩部哑铃外旋

附录A
为期8周的增肌训练计划

下文给出了将离心训练加入增肌训练的
计划。

第1周和第2周：入门阶段

星期天：休息

星期一：拉（背部和肱二头肌）

宽握背阔肌下拉（以12 ~ 15RM完成3组动作）

标准硬拉（以12 ~ 15RM完成3组动作）

单臂哑铃划船（以12 ~ 15RM完成3组动作）

杠铃屈臂（以12 ~ 15RM完成3组动作）

哑铃站姿弯举（以12 ~ 15RM完成3组动作）

星期二：推（胸部、肩部和肱三头肌）

哑铃推送（以12 ~ 15RM完成3组动作）

哑铃飞鸟（以12 ~ 15RM完成3组动作）

哑铃肩上推举（以12 ~ 15RM完成3组动作）

哑铃侧平举（以12 ~ 15RM完成3组动作）

肱三头肌绳索下压（以12 ~ 15RM完成3组动作）

**星期三：腿部和腹肌训练（股四头肌、腘绳
肌）**

杠铃后蹲（以12 ~ 15RM完成3组动作）

俯卧腘绳肌弯曲（以12 ~ 15RM完成3组动作）

腿部伸展（以12 ~ 15RM完成3组动作）

站姿提踵 I（以12 ~ 15RM完成3组动作）

负重仰卧起坐（以12 ~ 15RM完成3组动作）:
在平衡球上完成训练；在胸部放一个6 ~ 10磅的
药球以增加负荷；采用EE

星期四：休息

星期五：上半身整体训练

哑铃推送（以12 ~ 15RM完成3组动作）

宽握背阔肌下拉（以12 ~ 15RM完成3组动作）

哑铃飞鸟（以12 ~ 15RM完成3组动作）

坐姿绳索划船（以12 ~ 15RM完成3组动作）

哑铃肩上推举（以12 ~ 15RM完成3组动作）

哑铃反式飞鸟（以12 ~ 15RM完成3组动作）

俯身哑铃肱三头肌后伸（以12 ~ 15RM完成
3组动作）

哑铃交替弯举（以12 ~ 15RM完成3组动作）

星期六：下半身完整训练

靠背蹬腿（以12 ~ 15RM完成3组动作）

行进弓步（以12 ~ 15RM完成3组动作）

定腿硬拉（以12 ~ 15RM完成3组动作）

坐姿提踵（以12 ~ 15RM完成3组动作）

罗马椅抬腿（以12 ~ 15RM完成3组动作）

第3周和第4周：整体增肌训练

星期天：休息

星期一：拉（背部和肱二头肌）

引体向上（在需要的情况下可以使用辅助器
械）（以8 ~ 12RM完成4组动作；在完成8 ~ 12
次重复训练时，客户会感到疲劳）

标准硬拉（以8 ~ 12RM完成4组动作）

俯身杠铃划船（以8 ~ 12RM完成4组动作）

杠铃屈臂（以8 ~ 12RM完成4组动作）

斜托弯举（以8 ~ 12RM完成4组动作）

星期二：推（胸部、肩膀和肱三头肌）

卧推（以8 ~ 12RM完成4组动作）

上斜哑铃卧推（以8 ~ 12RM完成4组动作）

哑铃飞鸟（以8 ~ 12RM完成4组动作）

杠铃屈臂（以8 ~ 12RM完成4组动作）

肱三头肌绳索下压（以8 ~ 12RM完成4组动作）

星期三：腿部训练

杠铃后蹲（以8 ~ 12RM完成4组动作）

腿部伸展（以8 ~ 12RM完成4组动作）

仰卧屈腿（以8 ~ 12RM完成4组动作）

站姿提踵 I（以8 ~ 12RM完成4组动作）

负重仰卧起坐（以8 ~ 12RM完成3组动作）:
在平衡球上完成训练；握住4 ~ 10磅的药球，同
时双臂伸展到头上；使用EE

星期四：休息

星期五：上半身整体训练

绳索交叉飞鸟（以8 ~ 12RM完成4组动作）

宽握背阔肌下拉（以8 ~ 12RM完成4组动作）

哑铃推送（以8～12RM完成4组动作）

单臂哑铃划船（以8～12RM完成4组动作）

哑铃侧平举（以8～12RM完成4组动作）

坐姿哑铃交替肩部推举（以8～12RM完成4组动作）

过顶哑铃肱三头肌伸展（以8～12RM完成4组动作）

哑铃锤式弯举（以8～12RM完成4组动作）

平板支撑（尽力完成3组动作）

星期六：下半身完整训练

杠铃前蹲（以8～12RM完成4组动作）

行进弓步（以8～12RM完成4组动作）

定腿硬拉（以8～12RM完成4组动作）

坐姿提踵（以8～12RM完成4组动作）

悬垂抬腿（以8～12RM完成4组动作）

第5周：慢速离心训练

重点是在离心训练阶段放慢动作，而在向心训练阶段加快动作。

星期天：休息

星期一：推、拉（胸部和背部）

卧推（以8～12RM完成4组动作）

上斜杠铃卧推（以8～12RM完成4组动作）

哑铃推送（以8～12RM完成4组动作）

宽握背阔肌下拉（以8～12RM完成4组动作）

坐姿绳索划船（以8～12RM完成4组动作）

星期二：辅助训练（肩部、肱二头肌和肱三头肌）

哑铃侧平举（以8～12RM完成4组动作）

哑铃反式飞鸟（以8～12RM完成4组动作）

史密斯机颈前推举（以8～12RM完成4组动作）

俯身哑铃肱三头肌后伸（以8～12RM完成4组动作）

杠铃屈臂（以8～12RM完成4组动作）

肱三头肌绳索下压（以8～12RM完成4组动作）

星期三：腿部训练

杠铃后蹲（以8～12RM完成4组动作）

标准硬拉（以8～12RM完成4组动作）

坐姿腘绳肌弯曲（以8～12RM完成4组动作）

腿部伸展（以8～12RM完成4组动作）

站姿提踵I（以8～12RM完成4组动作）

负重仰卧起坐（以8～12RM完成4组动作）：在平衡球上完成训练；在胸部放一个6～10磅的药球以增加额外的负荷；采用EE

星期四：休息

星期五：上半身（推和拉训练）

哑铃飞鸟（以8～12RM完成4组动作）

哑铃推送（以8～12RM完成4组动作）

窄握背阔肌下拉（以8～12RM完成4组动作）

坐姿绳索划船（以8～12RM完成4组动作）

窄握卧推（以8～12RM完成4组动作）

肱三头肌绳索下压（以8～12RM完成4组动作）

杠铃屈臂（以8～12RM完成4组动作）

哑铃锤式弯举（以8～12RM完成4组动作）

星期六：下半身完整训练

行进弓步（以8～12RM完成4组动作）

定腿硬拉（以8～12RM完成4组动作）

靠背蹬腿（以8～12RM完成4组动作）

坐姿提踵（以8～12RM完成4组动作）

悬垂抬腿（以8～12RM完成4组动作）

第6周：整体增肌训练

星期天：休息

星期一：拉（背部和肱二头肌）

引体向上（在需要的情况下可以使用辅助器械）（以8～12RM完成4组动作；在完成8～12次重复训练时，客户会感到疲劳）

俯握杠铃划船（以8～12RM完成4组动作）

杠铃屈臂（以8～12RM完成4组动作）

斜托弯举（以8～12RM完成4组动作）

星期二：推（胸部和肱三头肌）

平卧哑铃卧推（以8～12RM完成4组动作）

上斜哑铃卧推（以8～12RM完成4组动作）

哑铃飞鸟（以8～12RM完成4组动作）

杠铃屈臂（以8～12RM完成4组动作）

肱三头肌绳索下压（以8～12RM完成4组动作）

星期三：腿部训练

杠铃后蹲（以8～12RM完成4组动作）

定腿硬拉（以8～12RM完成4组动作）

靠背蹬腿（以8～12RM完成4组动作）

坐姿提踵（以8～12RM完成4组动作）

站姿提踵I（以8～12RM完成3组动作）

星期四：肩部训练

单臂扶墙侧平举（以8～12RM完成4组动作）

单臂前平举（以8～12RM完成4组动作）

哑铃反式飞鸟（以8～12RM完成4组动作）

哑铃耸肩（以8～12RM完成4组动作）

坐姿肩上推举（以8～12RM完成3组动作）

星期五：休息

星期六：全身训练

杠铃前蹲（以8～12RM完成4组动作）

靠背蹬腿（以8～12RM完成4组动作）

俯卧腘绳肌弯曲（以8～12RM完成4组动作）

上斜杠铃卧推（以8～12RM完成4组动作）

坐姿绳索划船（以8～12RM完成4组动作）

佐特曼哑铃弯举（以8～12RM完成4组动作）

反握肱三头肌绳索下压（以8～12RM完成4组动作）

平板支撑（尽力完成3组动作）

负重仰卧起坐（以8～12RM完成3组动作）：在平衡球上完成训练；握住4～10磅的药球，双臂伸展到头上；使用EE

第7周：慢速离心训练和超负荷离心训练及双起/单下离心训练结合

星期天：休息

星期一：推、拉（胸部和背部）

卧推（以100%～130%RM完成4组动作，每个动作重复1～2次）——负荷处于完全不能完成状态（需要观察者在向心训练阶段提供帮助）

上斜哑铃卧推（以8～12RM完成4组动作）——2UP/1DN

哑铃推送（以8～12RM完成4组动作）——EE

宽握背阔肌下拉（以100%～130%RM完成4组动作，每个动作完成1～2次重复训练）——负荷处于完全不能完成状态（需要观察者在向心训练阶段提供帮助）

双臂俯身哑铃划船（以8～12RM完成4组动作）——2UP/1DN

星期二：辅助训练（肩部、肱二头肌和肱三头肌）

哑铃侧平举（以8～12RM完成3组动作）——2UP/1DN

哑铃反式飞鸟（以8～12RM完成3组动作）——EE

史密斯机颈前推举（以100%～130%RM完成4组动作，每个动作重复1～2次）——负荷处于完全不能完成状态（需要观察者在向心训练阶段提供帮助）

杠铃屈臂（以100%～130%RM完成3组动作，每个动作重复1～2次）——负荷处于完全不能完成状态（需要观察者在向心训练阶段提供帮助）

俯身哑铃肱三头肌后伸（以8～12RM完成3组动作）——2UP/1DN

星期三：腿部训练

杠铃后蹲（以100%～130%RM完成4组动作，每个动作重复1次）——负荷处于完全不能完成状态（需要观察者在向心训练阶段提供帮助；安全起见可以使用动力辅助架）

标准硬拉（以8～12RM完成4组动作）——EE

坐姿腘绳肌弯曲（以8～12RM完成4组动作）——2UP/1DN

腿部伸展（以8～12RM完成4组动作）——2UP/1DN

站姿提踵I（以8～12RM完成4组动作）——2UP/1DN

悬垂抬腿（以8～12RM完成4组动作）——EE

星期四：休息

星期五：上半身整体训练

哑铃飞鸟（以8～12RM完成4组动作）——EE

哑铃推送（以8～12RM完成4组动作）——2UP/1DN

窄握背阔肌下拉（以100%～130%RM完成4组动作，每个动作重复1～2次）——SUP（在向心训练阶段提供帮助）

反握俯身划船（以8～12RM完成4组动作）——EE

杠铃前蹲（以8 ~ 12RM完成4组动作）——EE

窄握卧推（以100% ~ 130%RM完成4组动作，每个动作重复1 ~ 2次）——负荷处于完全不能完成状态（需要观察者在向心训练阶段提供帮助）

肱三头肌绳索下压（以100% ~ 130% RM完成4组动作，每个动作重复1 ~ 2次）——负荷处于完全不能完成状态（需要观察者在向心训练阶段提供帮助）

哑铃锤式弯举（以8 ~ 12RM完成4组动作）——2UP/1DN

星期六：下半身整体训练

行进弓步（以8 ~ 12RM完成4组动作）——EE

定腿硬拉（以8 ~ 12RM完成4组动作）——EE

靠背蹬腿（以100% ~ 130%RM完成4组动作，每个动作重复1 ~ 2次）——负荷处于完全不能完成状态（需要观察者在向心训练阶段提供帮助）

坐姿提踵（以8 ~ 12RM完成4组动作）——2UP/1DN

负重仰卧起坐（以8 ~ 12RM完成4组动作）：在平衡球上完成训练；在胸部放一个6 ~ 10磅的药球以增加额外的负荷；采用EE

第8周：整体增肌训练

星期天：休息

星期一：推、拉（背部和肱二头肌）

绳索交叉飞鸟（以8 ~ 12RM完成3组动作）

宽握背阔肌下拉（以8 ~ 12RM完成3组动作）

哑铃推送（以8 ~ 12RM完成3组动作）

单臂哑铃划船（以8 ~ 12RM完成3组动作）

哑铃侧平举（以8 ~ 12RM完成4组动作）

肱三头肌绳索下压（以8 ~ 12RM完成4组动作）

哑铃锤式弯举（以8 ~ 12RM完成4组动作）

平板支撑（尽力完成3组动作）

星期二：下半身整体训练

杠铃后蹲（以8 ~ 12RM完成4组动作）

行进弓步（以8 ~ 12RM完成3组动作）

定腿硬拉（以8 ~ 12RM完成3组动作）

坐姿提踵（以8 ~ 12RM完成3组动作）

悬垂抬腿（以8 ~ 12RM完成3组动作）

星期三：休息

星期四：上半身整体训练

哑铃飞鸟（以8 ~ 12RM完成3组动作）

上斜哑铃卧推（以8 ~ 12RM完成3组动作）

俯身杠铃划船（以8 ~ 12RM完成3组动作）

哑铃肩上推举（以8 ~ 12RM完成3组动作）

肱三头肌绳索下压（以8 ~ 12RM完成3组动作）

斜托弯举（以8 ~ 12RM完成3组动作）

负重仰卧起坐（以8 ~ 12RM完成3组动作）：在平衡球上完成训练；握住4 ~ 10磅的药球，双臂伸展到头上；使用EE

星期五：下半身整体训练

杠铃前蹲（以8 ~ 12RM完成3组动作）

靠背蹬腿（以8 ~ 12RM完成3组动作）

俯卧腘绳肌弯曲（以8 ~ 12RM完成3组动作）

站姿提踵I（以8 ~ 12RM完成3组动作）

平板支撑（尽力完成3组动作）

星期六：休息

附录 B

为期 8 周的针对耐力和身体成分改善的训练计划

下文给出了将离心训练加入针对耐力与身体成分改善的抗阻训练的计划。

第 1 周和第 2 周：入门阶段

星期天：休息
星期一：拉（背部和肱二头肌）
宽握背阔肌下拉（以 12 ~ 15RM 完成 3 组动作）
标准硬拉（以 12 ~ 15RM 完成 3 组动作）
单臂哑铃划船（以 12 ~ 15RM 完成 3 组动作）
杠铃屈臂（以 12 ~ 15RM 完成 3 组动作）
哑铃站姿弯举（以 12 ~ 15RM 完成 3 组动作）
星期二：推（胸部、肩部和肱三头肌）
哑铃推送（以 12 ~ 15RM 完成 3 组动作）
哑铃飞鸟（以 12 ~ 15RM 完成 3 组动作）
哑铃肩上推举（以 12 ~ 15RM 完成 3 组动作）
哑铃侧平举（以 12 ~ 15RM 完成 3 组动作）
肱三头肌绳索下压（以 12 ~ 15RM 完成 3 组动作）
星期三：腿部和腹部训练（股四头肌、腘绳肌）
杠铃后蹲（以 12 ~ 15RM 完成 3 组动作）
俯卧腘绳肌弯曲（以 12 ~ 15RM 完成 3 组动作）
腿部伸展（以 12 ~ 15RM 完成 3 组动作）
站姿提踵 I（以 12 ~ 15RM 完成 3 组动作）
负重仰卧起坐（以 12 ~ 15RM 完成 3 组动作）：
在平衡球上完成训练；在胸部放一个 6 ~ 10 磅的
药球以增加额外的负荷；采用 EE
星期四：休息
星期五：上半身整体训练
哑铃推送（以 12 ~ 15RM 完成 3 组动作）
宽握背阔肌下拉（以 12 ~ 15RM 完成 3 组动作）
哑铃飞鸟（以 12 ~ 15RM 完成 3 组动作）
坐姿绳索划船（以 12 ~ 15RM 完成 3 组动作）
哑铃肩上推举（以 12 ~ 15RM 完成 3 组动作）
哑铃反式飞鸟（以 12 ~ 15RM 完成 3 组动作）
俯身哑铃肱三头肌后伸（以 12 ~ 15RM 完成
3 组动作）
哑铃交替弯举（以 12 ~ 15RM 完成 3 组动作）

星期六：下半身完整训练
靠背蹬腿（以 12 ~ 15RM 完成 3 组动作）
行进弓步（以 12 ~ 15RM 完成 3 组动作）
定腿硬拉（以 12 ~ 15RM 完成 3 组动作）
坐姿提踵（以 12 ~ 15RM 完成 3 组动作）
罗马椅抬腿（以 12 ~ 15RM 完成 3 组动作）

第 3 周和第 4 周：力量训练阶段

星期天：休息
星期一：腿部和肩部
杠铃后蹲（以 3 ~ 5RM 完成 5 组动作）
靠背蹬腿（以 6 ~ 10RM 完成 3 组动作）
过头上举（以 3 ~ 5RM 完成 5 组动作）
哑铃侧平举（以 6 ~ 10RM 完成 3 组动作）
星期二：胸部和背部
卧推（以 3 ~ 5RM 完成 5 组动作）
哑铃飞鸟（以 6 ~ 10RM 完成 3 组动作）
宽握背阔肌下拉（以 6 ~ 10RM 完成 5 组动
作）——EE
俯身杠铃划船（以 6 ~ 10RM 完成 3 组动作）
星期三：休息
星期四：腿部、肩部和斜方肌
过顶杠铃深蹲（以 3 ~ 5RM 完成 5 组动作）
杠铃前蹲（以 3 ~ 5RM 完成 5 组动作）
哑铃耸肩（以 3 ~ 5RM 完成 5 组动作）
俯身杠铃划船（以 6 ~ 10RM 完成 3 组动作）
星期五：辅助性训练
宽握背阔肌下拉（以 3 ~ 5RM 完成 5 组动
作）——EE
窄握卧推（以 3 ~ 5RM 完成 5 组动作）
杠铃屈臂（以 3 ~ 5RM 完成 5 组动作）
俯身哑铃肱三头肌后伸（以 6 ~ 10RM 完成 3
组动作）
哑铃锤式弯举（以 6 ~ 10RM 完成 3 组动作）
悬垂抬腿（以 6 ~ 10RM 完成 3 组动作）
平板支撑（完成 3 组动作，每组 30 秒）

243

星期六：康复训练

适度有氧运动和全身拉伸（任何形式的 20 ~ 30 分钟心肺运动）（例如跑步、骑自行车、椭圆机运动）

第5周和第6周：慢速离心训练

星期天：休息

星期一：推、拉（胸部和背部）

卧推（以100% ~ 130%RM完成4动作，每个动作重复1 ~ 2次）——（在向心训练阶段提供帮助）

上斜哑铃卧推（以8 ~ 12RM完成4组动作）——2UP/1DN

哑铃推送（以8 ~ 12RM完成4组动作）——用EE法慢慢下放，快速上推

宽握背阔肌下拉（以100% ~ 130%RM完成4组动作，每个动作重复1 ~ 2次）——负荷处于完全不能完成状态（需要观察者在向心训练阶段提供帮助）

双臂俯身哑铃划船（以8 ~ 12RM完成4组动作）——2UP/1DN

星期二：肩部、肱二头肌和肱三头肌

哑铃侧平举（以8 ~ 12RM完成3组动作）——2UP/1DN

哑铃反式飞鸟（以8 ~ 12RM完成3组动作）——EE

史密斯机颈前推举（以100% ~ 130%RM完成4组动作，每个动作重复1 ~ 2次）——负荷处于完全不能完成状态（需要观察者在向心训练阶段提供帮助）

杠铃屈臂（以100% ~ 130%RM完成3组动作，每个动作重复1 ~ 2次）——负荷处于完全不能完成状态（需要观察者在向心训练阶段提供帮助）

俯身哑铃肱三头肌后伸（以8 ~ 12RM完成3组动作）——2UP/1DN

星期三：腿部训练

杠铃后蹲（以110% ~ 130%RM完成4组动作）——（在向心训练阶段提供帮助；安全起见使用动力辅助架）

标准硬拉（以8 ~ 12RM完成4组动作）——EE

坐姿腘绳肌弯曲（以8 ~ 12RM完成4组动作）——2UP/1DN

腿部伸展（以8 ~ 12RM完成4组动作）——2UP/1DN

站姿提踵I（以8 ~ 12RM完成4组动作）——2UP/1DN

悬垂抬腿（以8 ~ 12RM完成4组动作）——EE

星期四：休息

星期五：上半身整体训练

哑铃飞鸟（以8 ~ 12RM完成4组动作）——EE

哑铃推送（以8 ~ 12RM完成4组动作）——2UP/1DN

窄握背阔肌下拉（以100% ~ 130%RM完成4组动作，每个动作重复1 ~ 2次）——（在向心训练阶段提供帮助）

反握俯身划船（以8 ~ 12RM完成4组动作）——EE

杠铃前蹲（以8 ~ 12RM完成4组动作）——EE

窄握卧推（以100% ~ 130%RM完成4组动作，每个动作重复1 ~ 2次）——（在向心训练阶段提供帮助）

肱三头肌绳索下压（以100% ~ 130%RM完成4组动作，每个动作重复1 ~ 2次）——（观察者在向心训练阶段提供帮助）

哑铃锤式弯举（以8 ~ 12RM完成4组动作）——2UP/1DN

星期六：下半身整体训练

行进弓步（以8 ~ 12RM完成4组动作）——EE

定腿硬拉（以8 ~ 12RM完成4组动作）——EE

靠背蹬腿（以100% ~ 130%RM完成4组动作，每个动作重复1 ~ 2次）——（在向心训练阶段提供帮助）

坐姿提踵（以8 ~ 12RM完成4组动作）——2UP/1DN

卷腹（以8 ~ 12RM完成4组动作）——EE

第7周和第8周：塑造肌肉线条

星期天：休息

星期一：全身训练

杠铃前蹲（以15 ~ 20RM完成4组动作）

严格杠铃推举（以15 ~ 20RM完成4组动作）

引体向上（器械协助）（以10 ~ 15RM完成4组动作）

自重臂屈伸（器械协助）（以15 ~ 20RM完成4组动作）

行进弓步（以20RM完成4组动作）

星期二：田径训练

以80% ~ 90%RM和1:1的休息和恢复比率（即以跑完400米冲刺的时间作为休息的时间）完成8×400米冲刺

星期三：核心突破

标准硬拉（以3 ~ 5RM完成5组动作）

悬垂抬腿（尽力完成4组动作）

100个波比跳（尽可能快）

星期四：休息

星期五：回归基础训练

杠铃后蹲（以15 ~ 20RM完成4组动作）

俯卧腘绳肌弯曲（以15 ~ 20RM完成4组动作）

卧推（以15 ~ 20RM完成4组动作）

宽握背阔肌下拉（以15 ~ 20RM完成4组动作）

杠铃屈臂（以15 ~ 20RM完成4组动作）

肱三头肌绳索下压（以15 ~ 20RM完成4组动作）

平板支撑（完成3组动作，每个动作保持2分钟）

仰卧起坐（完成3组动作，每组完成20 ~ 30个）

星期六：划船

进行5×500米冲刺（每一组动作都必须尽最大努力，在完全恢复之后再开始500米冲刺）

附录 C
针对7个大众运动项目的训练计划

下文给出了专项运动的基础训练计划。运动排序不分先后。制订计划时请将动作按需求、有针对性地排列组合，以获得更好的效果。

跳远

（第128页）

杠铃后蹲

（第46页）

杠铃前蹲

（第118页）

卧推

（第34页）

俯身杠铃划船

（第38页）

宽握背阔肌下拉

（第40页）

高翻

（第122页）

行进弓步

（第88页）

保加利亚弓步蹲

（第192页）

北欧式屈膝

（第224页）

篮球

跳远

（第128页）

杠铃后蹲

（第46页）

卧推

（第34页）

增强式俯卧撑

（第112页）

靠背蹬腿

（第50页）

单臂哑铃划船

（第180页）

高翻

（第122页）

佐特曼哑铃弯举

（第150页）

行进弓步

（第88页）

保加利亚弓步蹲

（第192页）

北欧式屈膝

（第224页）

跳远

（第128页）

杠铃后蹲

（第46页）

增强式俯卧撑

（第112页）

二人推拉

（第164页）

器械辅助引体向上

（第148页）

高翻

（第122页）

行进弓步

（第88页）

保加利亚弓步蹲

（第192页）

俯卧或坐姿腘绳肌弯曲

（第54页和第162页）

北欧式屈膝

（第224页）

杠铃前蹲

（第118页）

杠铃后蹲

（第46页）

卧推

（第34页）

过头上举

（第36页）

器械肱三头肌伸展

（第186页）

坐姿绳索划船

（第74页）

高翻

（第122页）

行进弓步

（第88页）

斜板下蹲

（第226页）

俯卧或坐姿腘绳肌弯曲

（第54页和第162页）

北欧式屈膝

（第224页）

251

器械辅助引体向上
（第148页）

增强式俯卧撑
（第112页）

靠背蹬腿
（第50页）

行进弓步
（第88页）

肱三头肌绳索下压
（第80页）

坐姿绳索划船
（第74页）

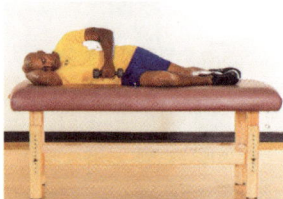

侧卧肩部哑铃外旋
（第212页）

高翻（重点在于速度和
技术，而非重量）
（第122页）

定腿硬拉
（第84页）

跳远
（第128页）

杠铃后蹲
（第46页）

卧推
（第34页）

增强式俯卧撑
（第112页）

单臂哑铃划船
（第180页）

宽握背阔肌下拉
（第40页）

高翻
（第122页）

佐特曼哑铃弯举
（第150页）

行进弓步
（第88页）

站姿提踵I
（第56页）

北欧式屈膝
（第224页）

杠铃后蹲
（第46页）

跳远
（第128页）

杠铃前蹲
（第118页）

卧推
（第34页）

增强式俯卧撑
（第112页）

器械辅助引体向上
（第148页）

双臂上杆（杠铃或吊环）
（第114页）

大猩猩式引体向上
（第110页）

高翻
（第122页）

俯身杠铃划船
（第38页）

行进弓步
（第88页）

保加利亚弓步蹲
（第192页）

北欧式屈膝
（第224页）

参考资料

Abbott, B.C., Bigland, B., & Ritchie, J.M. (1952). The physiological cost of negative work. *Journal of Physiology*, 117, 380–390.

Alfredson, H. (2003). Chronic midportion Achilles tendinopathy: An update on research and treatment. *Clinics in Sports Medicine*, 22(4), 727–741.

American College of Sports Medicine. (2013). *ACSM's guidelines for exercise testing and prescription* (9th ed.). Philadelphia: Lippincott Williams & Wilkins.

Arch, J.R. (2005). Central regulation of energy balance: Inputs, outputs and leptin resistance. *Proceedings of the Nutrition Society*, 64(1), 39–46.Asmussen, E. (1953). Positive and negative muscular work. *Acta Physiologica Scandinavica*, 28(4), 364–382.

Bahr, R., Bjorn, F., Sverre, L., & Engebretsen, L. (2006). Surgical treatment compared with eccentric training for patellar tendinopathy (jumper's knee). *Journal of Bone and Joint Surgery*, 88(8), 1689–1698.

Balnave, C.D., & Thompson, M.W. (1993). Effect of training on eccentric exercise–induced muscle damage. *Journal of Applied Physiology*, 75(4), 1545–1551.

Beaven, C.M., Gill, N.D., Ingram, J.R., & Hopkins, W.G. (2011). Acute salivary hormone responses to complex exercise bouts. *Journal of Strength and Conditioning Research*, 25(4), 1072–1078.

Bishop, P.A., Jones E., & Woods, A.K. (2008). Recovery from training: A brief review. *Journal of Strength and Conditioning Research*, 22(3), 1015–1024

Borsheim, E., & Bahr, R. (2003). Effect of exercise intensity, duration and mode on post–exercise oxygen consumption. *Sports Medicine*, 33, 1037–1060.

Burd, N.A., Andrews, R.J., West, D.W., Little, J.P., et al. (2012). Muscle time under tension during resistance exercise stimulates differential muscle protein sub–fractional synthetic responses in men. *Journal of Physiology*, 590(2), 351–362.

Byrne, C., & Eston, R. (2002). Maximal–intensity isometric and dynamic exercise performance after eccentric muscle actions. *Journal of Sports Sciences*, 20(12), 951–959.

Cermak, N.M., Snijders, T., McKay, B.R., Parise, G., Verdijk, L.B., Tarnopolsky, M.A., Gibala, M.J., & van Loon, L.J.C. (2013). Eccentric exercise increases satellite cell content in Type II muscle fibers. *Medicine and Science in Sports and Exercise*, 45(2), 230–237.

Cook, C.J., Beaven, C.M., & Kilduff, L.P. (2013). Three weeks of eccentric training combined with overspeed exercises enhances power and running speed performance gains in trained athletes. *Journal of Strength and Conditioning Research*, 27(5), 1280–1286.

de Souza–Teixeira, F., & de Paz, J.A. (2012). Eccentric resistance training and muscle hypertrophy. *Journal of Sports Medicine and Doping Studies*, S1. doi:10.4172/2161–0673. S1–004.

Dietz, V., Schmidtbleicher, D., & Noth, J. (1979). Neuronal mechanisms of human locomotion. *Journal of Neurophysiology*, 42(5), 1212–1222.

Doan, B.K., Newton, R.U., Marsit, J.L., Triplett–McBride, N., Koziris, L.P., Fry, A.C., & Kraemer, W.J. (2002). Effects of increased eccentric loading on bench press 1RM. *Journal of Strength and Conditioning Research*, 16(1), 9–13.

Dohm, G.L., & Dudek, R.W. (1998). Role of transverse tubules (T–tubules) in muscle glucose transport. *Advanced Experimental Medical Biology*, 441, 27–34.

Drexel, H., Saely, C.H., Langer, P., Loruenser, G., Marte, T., Risch, L., Hoefle, G., & Aczel, S. (2008). Metabolic and anti–inflammatory benefits of eccentric endurance exercise—A pilot study. *European Journal of Clinical Investigation*, 38(4), 218–226.

Elia, M. (1999.) Organ and tissue contribution to metabolic weight. In J.M. Kinney & H.N. Tucker (Eds.), *Energy metabolism: Tissue determinants and cellular corollaries* (pp. 61–

79). New York: Raven Press.

Frankenfield, D., Roth-Yousey, L., & Compher, C. (2005). Comparison of predictive equations for resting metabolic rate in healthy nonobese and obese adults: A systematic review. *Journal of the American Dietetic Association*, 105(5), 775–789.

Gabriel, D.A., Kamen, G., & Frost, G. (2006). Neural adaptations to resistive exercise: Mechanisms and recommendations for training practices. *Sports Medicine*, 36(2), 131–149.

Gerber, J.P., Marcus, R.L., Dibble, L.E., Greis, P.E., Burks, R.T., & LaStayo, P.C. (2009). Effects of early progressive eccentric exercise on muscle size and function after anterior cruciate ligament reconstruction: A 1-year follow-up study of a randomized clinical trial. *Journal of Physical Therapy*, 89(1), 52–59.

Gutin, B., et al. (1999). Plasma leptin concentrations in obese children: Changes during 4-mo periods with and without physical training. *American Journal of Clinical Nutrition*, 69(3), 388–394.

Hackney, K.J., Engels, H.J., & Gretebeck, R.J. (2008). Resting energy expenditure and delayed-onset muscle soreness after full-body resistance training with an eccentric concentration. *Journal of Strength and Conditioning Research*, 22(5), 1602–1609.

Hall, K.D., Heymsfield, S.B., Kemnitz, J.W., Klein, S., Schoeller, D.A., & Speakman, J.R. (2012). Energy balance and its components: Implications for body weight. *American Journal of Clinical Nutrition*, 95, 989–994.

Hansen, S., Kvorning, T., Kjaer, M., & Sjogaard, G. (2001). The effect of short-term strength training on human skeletal muscle: The importance of physiologically elevated hormone levels. *Scandinavian Journal of Medicine and Science in Sports*, 11(6), 347–354.

Herrel, A., Meyers, J.J., Timmermans, J-P, & Nishikawa, K.C. (2002). Supercontracting muscle: Producing tension over extreme muscle lengths. *Journal of Experimental Biology*, 205, 2167–2173.

Herzog, W., Leonard, T.R., Joumaa, V., & Mehta, A. (2008). Mysteries of muscle contraction.

Journal of Applied Biomechanics, 24, 1–13.

Horstmann, T., Mayer, F., Maschmann, J., Niess, A., Roecker, K., & Dickhuth, H.H. (2001). Metabolic reaction after concentric and eccentric endurance-exercise of the knee and ankle. *Medicine and Science in Sports and Exercise*, 33(5), 791–795.

Hunter, G.R., Wetzstein, C.J., Fields, D.A., Brown, A., & Bamman, M.M. (2002). Resistance training increases total energy expenditure and free-living physical activity in older adults. *Journal of Applied Physiology*, 89, 977–984.

Janssen, I., Heymsfield, S.B., Wang, Z.M., & Ross, R. (2000). Skeletal muscle mass and distribution in 468 men and women aged 18–88yr. *Journal of Applied Physiology*, 89, 81–88.

Jeffreys, I. (2005). A multidimensional approach to enhancing recovery. *Strength and Conditioning Journal*, 27(5), 78–85.

Kraemer, W.J., Fleck, S.J., & Deschenes, M.R. (2012). *Exercise physiology: Integrating theory and application*. Philadelphia: Lippincott Williams & Wilkins.

Kelesidis, T., et al. (2010). Narrative review: The role of leptin in human physiology: Emerging clinical applications. *Annals of Internal Medicine*, 152(2), 93–100.

Lamb, D.G. (2009). Mechanisms of excitation-contraction uncoupling relevant to activity-induced muscle fatigue. *Applied Physiology, Nutrition, and Metabolism*, 34, 368–372.

LaStayo, P., Marcus, R., Dibble, L. Frajacomo, F., & Lindstedt, S. (2014). Eccentric exercise in rehabilitation: Safety, feasibility, and application. *Journal of Applied Physiology*, 116, 1426–1434.

Lazzer, S., Bedogni, G., Lafortuna, C.L., Marazzi, N., et al. (2010). Relationship between basal metabolic rate, gender, age, and body composition in 8,780 white obese subjects. *Obesity*, 18(3), 71–78.

Landau, M.E., Kenney, K., Deuster, P., & Campbell, W. (2012). Exertional rhabdomyolysis: A clinical review with a focus on genetic influences. *Journal of Clinical Neuromuscular Disease*, 13(3), 122–136.

Levine, J.A., Lannigham-Foster, L.M., McCrady,

S.K., Krizan, C., Kane, P.H., Jensen, M.D., & Clark, M.M. (2005). Interindividual variation in posture allocation: Possible role in human obesity. *Science*, 307(5709), 584–586.

Lian, O.B., Engebretsen, L., & Bahr, R. (2005). Prevalence of jumper's knee among elite athletes from different sports: A cross-sectional study. *American Journal of Sports Medicine*, 33, 561–567.

Lindstedt, S.L., LaStayo, P.C., & Reich, T.E. (2001). When active muscles lengthen: Properties and consequences of eccentric contractions. *News in Physiological Sciences*, 16, 256–261.

Linnamo, V., Strojnik, V., & Komi, P.V. (2006). Maximal force during eccentric and isometric actions at different elbow angles. *European Journal of Applied Physiology*, 96(6), 672–678.

Loos, R.J.F., & Bouchard, C. (2003). Obesity–Is it a genetic disorder? *Journal of Internal Medicine*, 254, 401–425.

MacDougall, J.D., Gibala, M.J., Tarnopolsky, M.A., Macdonald, J.R., Interisano, S.A., & Yarasheski, K.E. (1995). The time course for elevated protein synthesis following heavy resistance exercise. *Canadian Journal of Applied Physiology*, 20, 480–486.

McHugh, M.P. (2003). Recent advances in the understanding of the repeated bout effect: The protective effect against muscle damage from a single bout of eccentric exercise. *Scandinavian Journal of Medicine & Science in Sports*, 13(2), 88–97.

McHugh, M.P., Connolly, D.A., Easton, R.G., & Gleim, G.W. (1999). Exercise–induced muscle damage and potential mechanisms for the repeated bout effect. *Sports Medicine*, 27(3), 151–170.

Melov, S., Tarnopolsky, M.A., Beckman, K., Felkey, K., & Hubbard, A. (2007). Resistance exercise reverses aging in human skeletal muscle. *PLoS ONE*, 2(5), e465. doi:10.1371/journal.pone.0000465.

Mifflin, M.D., St Jeor, S.T., Hill, L.A., Scott, B.J., Daugherty, S.A., & Koh, Y.U. (1990). A new predictive equation for resting energy expenditure in healthy individuals. *American Journal of Clinical Nutrition*, 51, 241–247.

Mole, P.A. (1990). Impact of energy intake and exercise on resting metabolic rate. *Sports Medicine*, 10, 72–87.

National Institutes of Health. (2012). What are overweight and obesity?

National Strength and Conditioning Association. (2008). Essentials of strength training and conditioning (3rd ed.). Champaign, IL: Human Kinetics.

Nosaka, K., Sakamoto, K., Newton, M., & Sacco, P. (2001). How long does the protective effect on eccentric exercise–induced muscle damage last? *Medicine and Science in Sport and Exercise*, 33, 1490–1495.

Paul, A.C., & Rosenthal, N. (2002). Different modes of hypertrophy in skeletal muscle fibers. *Journal of Cell Biology*, 156(4), 751–760.

Pettitt, R.W., Symons, D.J., Eisenman, P.A., Taylor, J.E., White, A.T. (2005). Repetitive eccentric strain at long muscle length evokes the repeated bout effect. *Journal of Strength and Conditioning Research*, 19(4), 918–924.

Proske, U., & Allen, T.J. (2005). Damage to skeletal muscle from eccentric exercise. *Sport Science Reviews*, 33(2), 98–104.

Roig, M., O'Brien, K., Kirk, G., Murray, R., McKinnon, P., Shadgan, B., & Reid, W.D. (2009). *British Journal of Sports Medicine*, 43, 556–568.

Rosenbaum, M., & Leibel, R.L. (2010). Adaptive thermogenesis in humans. *International Journal of Obesity*, 34, S47–S55.

Schoenfeld, B. (2011). The use of specialized training techniques to maximize muscle hypertrophy. *Strength and Conditioning Journal*, 33(4), 60–65.

Schoenfeld, B.J. (2010). The mechanisms of muscle hypertrophy and their application to resistance training. *Journal of Strength and Conditioning Research*, 24(10), 2857–2872.

Sheppard, J.M., & Young, K. (2010). Using additional eccentric loads to increase concentric performance in the bench throw. *Journal of Strength and Conditioning Research*, 24(10), 2853–2856.

Simao, R., de Salles, B.F., Figueiredo, T., Dias, I., & Willardson, J.M. (2012). Exercise order in resistance training. *Sports Medicine*, 42(3), 251–265.

Strasser, B., & Schobersberger, W. (2011). Evidence for resistance training as a treatment therapy in obesity. *Journal of Obesity*, Article ID 482564, 9 pages. doi:10.1155/2011/482564.

Tappy, L. (1996). Thermic effect of food and sympathetic nervous system activity in humans. *Reproduction Nutrition Development*, 36, 391–397.

Vogt, M., & Hoppeler, H.H. (2014). Eccentric exercise: Mechanisms and effects when used as training regime or training adjunct. *Journal of Applied Physiology*, 116, 1446–1454.

Weiss, L.W. (1991). The obtuse nature of muscular strength: The contribution of rest to its development and expression. *Journal of Applied Sport Science Research*, 5, 219–227.

Zammit, P.S., Partridge, T.A., Yablonka–Reuveni, Z. (2006). The skeletal muscle satellite cell: The stem cell that came in from the cold. *Journal of Histochemical and Cytochemistry*, 54(11), 1177–1191.

Zeppetzauer, M., Drexel, H., Vonbank, A., Rein, P., Aczel, S., & Saely, C.H. (2013). Eccentric endurance exercise economically improves metabolic and inflammatory risk factors. *European Journal of Preventive Cardiology*, 20(4), 577–784.

关于作者

伦恩·克拉维茨

伦恩·克拉维茨是一名国际健身专家，还是美国运动医学会（ACSM）和美国国家体能协会（NSCA）成员。他于1994年获得美国新墨西哥大学健康、体育和休闲领域博士学位，并于1999年任职于新墨西哥大学，专注于健康促进工程和运动科学专业方面的研究。他在世界知名的健身大会上做了超过1 000次演讲。作为健身行业的领导者，伦恩·克拉维茨在过去30多年中撰写了250多篇经过同行评审的文章。他曾获得包括美国圣何塞州立大学2011年度杰出校友奖、2009年度加拿大健身专业协会专业代表、2006年度美国运动委员会健身教育者和2003—2004年度新墨西哥大学杰出教师奖在内的20多个奖项。

亚伦·T.布比科

亚伦·T.布比科拥有美国新墨西哥大学的运动科学硕士学位。在本科和研究生学习期间，他在IDEA健身杂志上发表了关于前沿离心运动训练的评论。此外，亚伦还撰写了一篇关于肌肉康复研究的评论。作为一名美国国家体能协会认证的体能专家（CSCS）和CrossFit一级教练，亚伦一直与不同年龄和能力水平的初学者和专业人士一起工作。他的目标是通过融合力量训练、稳定性训练、协调性训练、移动性训练和营养等，来帮助客户达到尽可能高的健身水平。亚伦与妻子和两个儿子生活在一起，经常以CrossFit运动员和世界运动健身和流行表演协会（IFPA）健美运动员的身份参加比赛。

关于译者

王雄

清华大学运动人体科学硕士、体育教育训练学博士，副研究员，硕士研究生导师；国家体育总局训练局国家队体能训练中心创建人、负责人；国家体育总局备战2012年伦敦奥运会身体功能训练团队召集人、中方总协调，备战2016年里约奥运会身体功能训练团队体能训练组组长，备战2020年东京奥运会专家组成员；为游泳、田径、举重、乒乓球、羽毛球、体操、跳水、排球、篮球和帆板等二十余支国家队提供过相关体能测评和训练指导服务；中国体育科学学会体能训练分会常委，北京市体育科学学会体能分会副主任委员，北京市体育科学学会理事会理事，北京体能训练协会常务理事，清华长三角研究院特聘研究员，国家体育总局教练员学院特聘专家，人民邮电出版社特聘专家及优秀作者，第二届夏季青年奥林匹克运动会先进个人，国家体育总局团委青年学习标兵。主编有《儿童身体训练动作手册》（系列书）、《青少年身体训练动作手册》（系列书）等多部图书；译有《精准拉伸：疼痛消除和损伤预防的针对性练习》《体育运动中的功能性训练（第2版）》《儿童身体素质提升指导与实践（第2版）》《自由风格训练：4个基本动作优化运动和生活表现》《美国国家体能协会力量训练指南（第2版）》《游泳科学：优化水中运动表现的技术、体能、营养和康复指导》《跑步科学：优化跑者运动表现的技术、体能、营养和康复指导》《NASM-CES美国国家运动医学学会纠正性训练指南（修订版）》等书，在《体育科学》、*Journal of Sports Sciences* 等中外期刊发表文章十余篇；研究方向为身体训练（专业体能和大众健身）、健康促进工程、互联网体育等。

黎涌明

德国莱比锡大学博士，上海体育学院教授，博士研究生导师，国家体育总局体育科学研究所特聘研究员，中国体育科学学会运动训练学分会委员；"黑马科学训练坊"微信公众号创办人；2016年入选国家体育总局"优秀中青年专业技术人才百人计划"；2017年获评上海海外高层次人才，入选上海市青年拔尖人才开发计划；2020年获霍英东教育基金会第十七届高等院校青年教师奖；研究方向为人体运动的动作和能量代谢、训练监控与评价、体能训练。